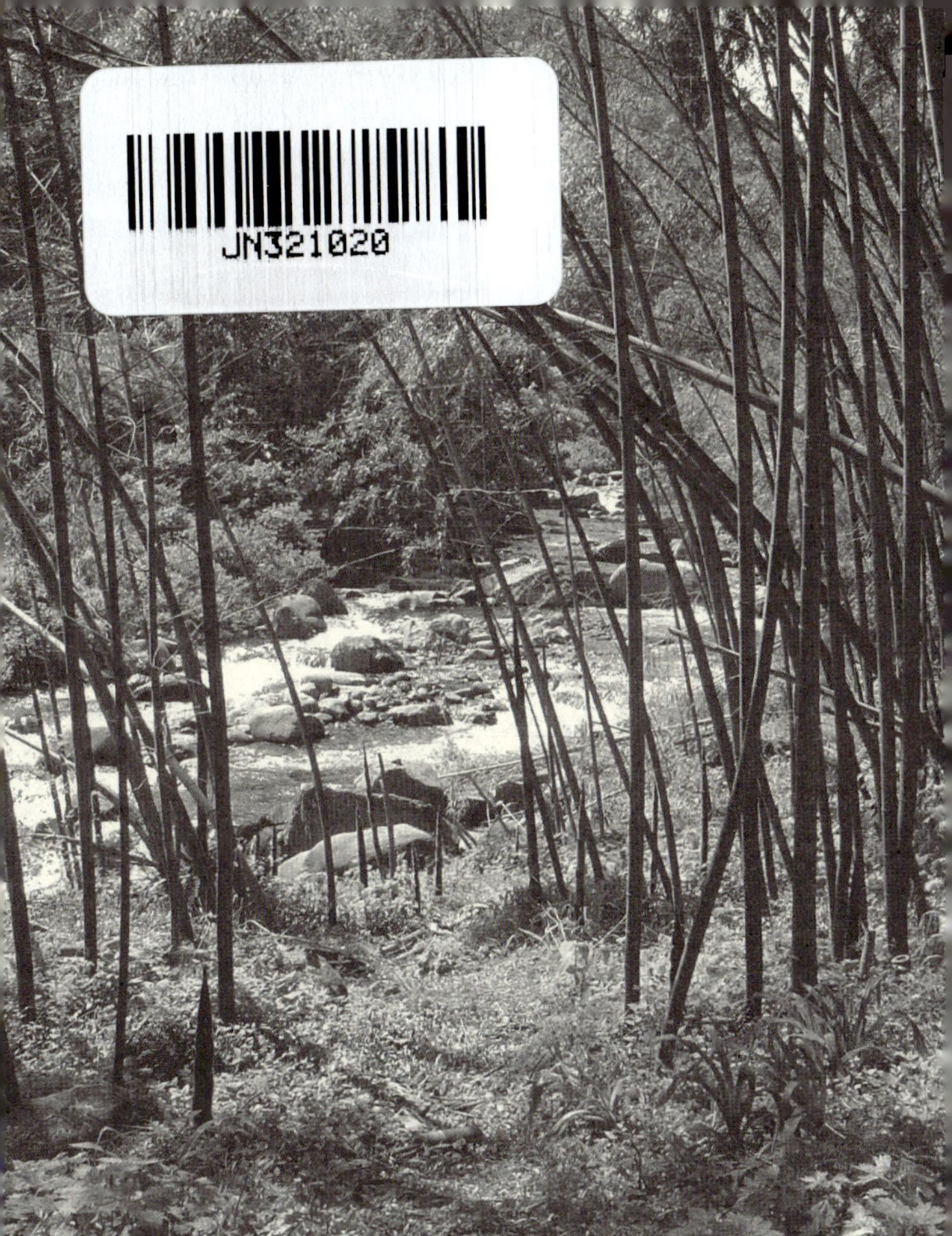

朝日のあたる川

赤貧にっぽん釣りの旅二万三千キロ

真柄慎一
Shinichi Magara

フライの雑誌社

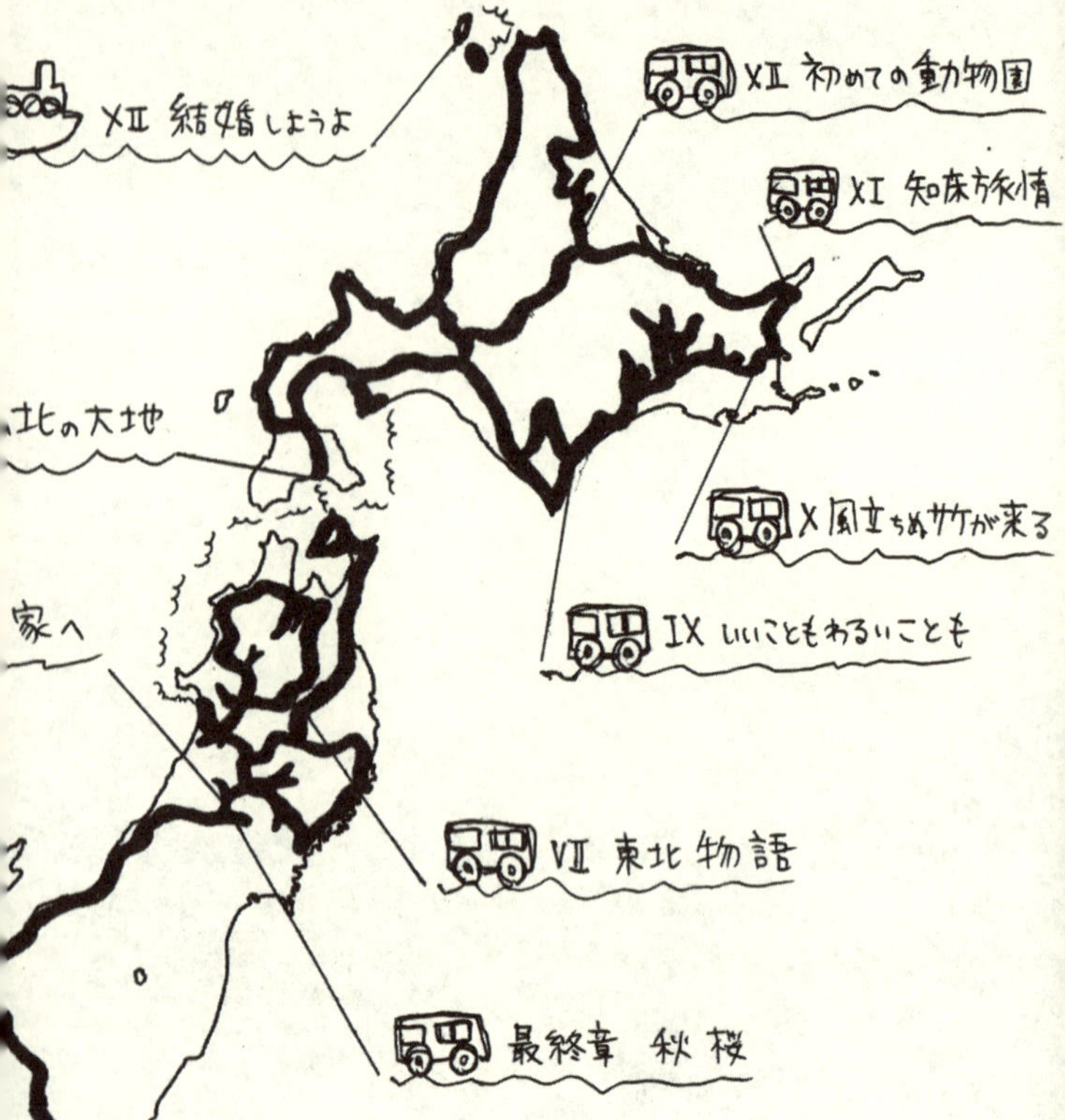

へたっぴな絵と字：真柄慎一

青森県・不老不死温泉で
海を見る著者

赤貧にっぽん釣りの旅
二万三千キロ
寄り道図

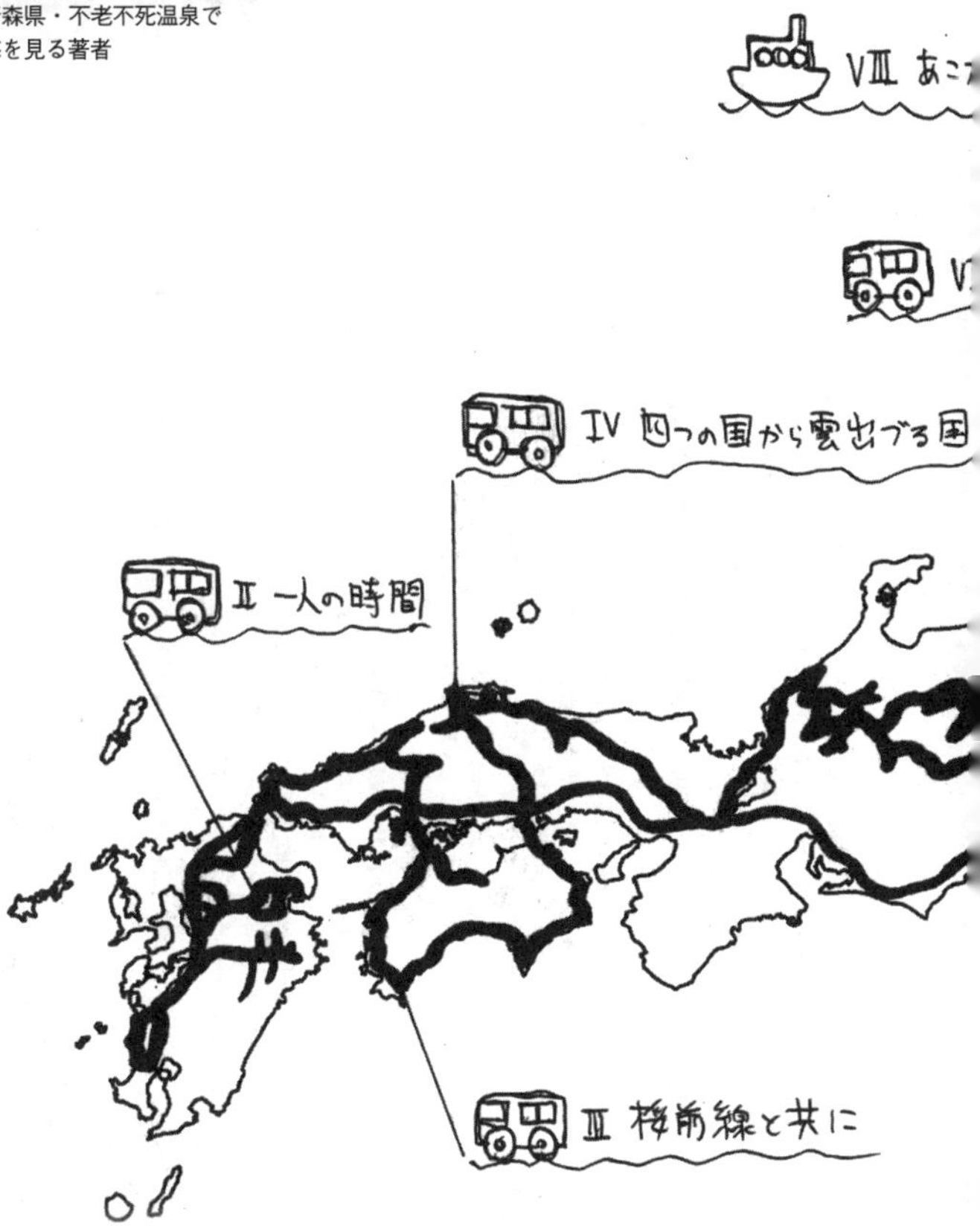

朝日のあたる川　赤貧にっぽん釣りの旅二万三千キロ

目次

NOIZ
THF

I

いい日旅立ち

東京・中野

春。
上京してから10回目の桜が散っていった。
僕はあることを決意した。

上京はしたけれど

地元・山形の高校を卒業した僕は、すぐさま東京へやって来た。就職も決まらず住む所さえ決めず、ただ大きな夢ばかり持って、新幹線に乗り込んだのが懐かしい。持ち得る音楽機材だけを手にして東京駅に降り立った僕の夢は「ミュージシャン」だった。

歌以外の楽器には少々の自信があった。しかしそれは、小さな町の小さな世界で単にチヤホヤされただけのものであった。東京へ来てからすぐに、僕の音楽の薄っぺらさ、限界を知ることになる。

本来ならば、そこから努力するものだとも思う。しかし鼻高々で上京した生意気な少年は、努力とは格好の悪いものだと勘違いしていた。さらに悪いことに周りのせいにもしてしまっていた。本当は心が折れた弱い若者だったが、それを隠すことだけに必死になっていた。

ダラダラと過ごした三年は、長い長い年月だった。自分の才能を過信し過ぎた散々な結果に、音楽で生活するのはスッパリとあきらめることにした。今思えば、よくありがちな話である。

田舎に戻るという選択もあったが、東京での生活もようやく楽しくなってきた頃だった。そして何よりちっぽけなプライドが、田舎へは帰らない、いや帰れない大きな理由だったと思う。

熱くなるものが無くなった僕は、ふと釣りがやってみたくなった。上京する以前は、毎日のように川で遊んでいたのを思い出したのである。そして、もう一つ思い出したことがあった。それが、山形の川で小学生のころにたまたま見た釣り、フライフィッシングだった。

あまりにも優雅で美しいキャスティング（フライフィッシング専用の釣り糸＝フライラインを操って毛バリを飛ばすこと）に、子どもの僕は一瞬で心が奪われた。ドキドキし過ぎて気持ちが悪くなるほどに興奮したのを今でも覚えている。またそれは、自分が初めて目にした「大人の遊び」だった。田舎の少年は恥ずかしがり屋である。その釣り人に声をかけることもできず、遠くから見つめるだけで精一杯だった。

世界が変わった

さて。まずは道具を揃えることから始めた。僕の部屋から、音楽機材がどんどんなくなっていき、かわりにフライフィッシングの道具が増えていく。毛バリを自分で巻くフライタイイングも始めた。最初の一本はエルクヘアカディス。ら旋状に伸びるハックル（ニワトリの羽）にはとてもビックリさせられた。はじめてエルクヘアカディスを巻いた時、フライフィッシングは大人のための大人の遊びだと改めて認識した。一気に百本巻いてみた。半分の五〇本はうまく巻けた。そこら中に転がるエルクヘアカディスの山には、釣れそうなのと釣れなそうなのが何となく見てとれた。

山形へ帰省する用事にかこつけ、解禁日に地元のK川へ立った。とけかけた歩きづ

エルクヘアカディス

らい雪の上を、目当てのプール（淵）目指して進む。子供の時からよく通い、たくさんの思い出が詰まった一番好きなこのポイントを、僕のフライフィッシング・デビューの場所として選んだ。

プールではもう、ヤマメのランチタイムが始まっていた。この日のために巻いたミッジピューパ（ユスリカなどのサナギを模したフライ）を糸に結ぶ。こんなに小さいハリ、自分にも見えないし、魚にも見えないだろうと、僕は思っていた。しかし僕の下手なキャスティングでフライがとんでもない所へ落ちても、魚の方から見つけてくれた。ライズ（魚がエサを食べに水面へ出てくること。またはその波紋）がなくなるまでの一時間、ひとつのプールで五尾ものヤマメを釣ることができたのだ。僕の中で釣りの世界観が変わった瞬間だった。

釣りのために働く日々

それからは一気にフライフィッシングへはまった。東京へ戻るとまず、いつでも釣りにいけるように、アルバイト先を休日の多い仕事へと変えた。早朝にキャスティングの練習をしたいがために、夜間労働者になった。

それはハッキリと釣りのために働いているようなものだった。都内のアパートから電車を乗り継いで、週に四日も山梨の川へ立ったこともあった。着替える時間がもったいないので、ウエーダー（釣り用の長靴）を履いたまま中央線に乗ったこともある。電

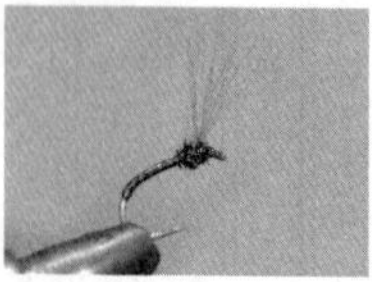
ミッジピューパ

車で行けない釣り場へはお金がないのにレンタカーも使った。このころの自分の行動は異常ではないとは思うが、普通でもないように思う。

そのころ、フライショップ『LOOP TO LOOP』店主の横田正巳さんと出会った。横田さんはタックルの説明から川・湖・海に至る幅広いフィールドの案内まで、とにかく親身になって相談に乗ってくれた。特に熱心に教えてもらったのがキャスティングだった。初めて横田さんのキャスティング・デモンストレーションを見たとき、こんなに美しくて力強いラインを飛ばす人がいたのかと衝撃を受けた。それからは、夜勤明けの重たい体を引きずりほぼ毎日、近くにある公園へ通った。キャスティングがうまくなりたい。ただそれだけのために、とにかく投げまくった。

僕のラインは少しずつ伸びていった。しかし、練習量に対しての自分の上達の遅さには、納得がいかなかった。そこでビデオカメラで練習風景を撮影した。ビデオカメラを三脚に立てて置き、ちょっと離れてキャスティングする。それを毎日撮って毎日反省する。良いところ悪いところは映像になればすぐに分かる。これはやって良かったし、実に面白かった。

もう一つ面白かったのが、公園を散歩中のおばさんが不思議そうにカメラを覗き込む顔が映っていたり、幼稚園児に「何やってるの?」と囲まれてオドオドしている僕が映っていたりしたことだ。苦しい時もあったが、毎日が充実していて楽しい日々だった。

この頃よく周りの方に、「何のためにそこまでやるの?」と聞かれた。理由など何もなかった僕は「ただとりつかれているだけです。」と答えた。この言葉しか出なかったし、まさにそうであった。

「釣りをしながら日本を一周したい」

釣り中心の生活を送っているうちに、僕は二七歳になっていた。この歳で焦ったのではもう遅いが、少しずつ将来のことも考え始めていた。その頃、JR中野駅近くで串焼屋を始めた尊敬する先輩、遠山さんから声を掛けてもらった。「うちの店に来ないか?」。

僕は正直に嬉しかった。よくお酒をご馳走してもらったり、釣りもご一緒させてもらった仲である。よき理解者であり、兄貴のような存在であった。遠山さんの下ならば厳しくても楽しくやっていけると思った。飲食店でのアルバイトは初めての僕は、遠山さんの気持ちに応えたくて無我夢中で仕事に打ち込んだ。釣りに行けない日々が続いたが、充実した毎日に不満はなかった。

ある日、遠山さんから「週に一日、店を一人でやってみないか。」と誘ってもらった。認められたのは嬉しかったが、僕に出来るのかという不安があった。それにここで引き受けてしまうと本当に釣りから遠ざかってしまう。僕は言った。「一週間考えさせてください。」

僕はそれまでの人生で初めてというほど、悩んだ。仕事はやりがいがあり、親方にも恵まれている。

自分の将来を考える上でも最高のフィールドだとも思う。何一つ断る理由などない。しかしすぐには返事が出来なかったのはなぜだろう？　何かに悔いを残しているからか。だから飛び込めないのか？

漠然と思っていたことが、僕の中でどんどん大きくなってきた。ずっと昔から思っていたこと。誰にも言ってなかったこと。すでに諦めかけていたことだった。

—一週間後。遠山さんに相談してみた。

「釣りをしながら日本一周の旅をしたい。」

遠山さんに何を言われるかは想像もつかなかった。僕は言葉を続けた。

「来年の三月に出発したいので今年いっぱいで仕事を辞めさせてください。いいえ、こんな半端な気持ちで仕事をするのは苦しいので、今すぐにでも辞めさせてください。」

一週間考え抜いた結論だったが、言ったそばから、とても自分勝手だとも思った。

しかし遠山さんはすぐに、

「お前の旅を応援する。今年いっぱい頑張ってくれ。」

と言ってくれた。ゆっくりとあたたかい言葉だった。我慢して我慢していた大粒の涙が一つこぼれた。

それからはよりいっそう仕事に努力した。釣りに行くのも我慢してとにかく働いた。何とかお店のためになりたかったのと、何より今僕には旅の資金として一〇〇万円を貯めるという大きな目標があった！

エミとの出会い

慣れない仕事に四苦八苦していた頃、一人の女性が同じ職場に入ってきた。歳は五つも下でそのわりに僕よりもしっかりした子。飲食店勤めの経験も長く、色々な仕事を教わった。名前はエミと言った。苦楽を共にすると親近感が沸いてくるものだ。休日や仕事終わりによく会ったり、呑んだりするようになった。この頃は、かわいい妹分ができたと嬉しかったし、とても楽しかった。

新しい年になった。仕事を辞めて時間に余裕ができた僕は、前にもましてエミと長い時間を過ごすようになった。この辺りからハッキリと僕の気持ちに変化が現れた。妹分として見られなくなっていた。

しかし三ヵ月後に旅に出てしまう僕は、その思いを伝える立場になかった。僕には仕事もなく、住む所さえもない。何も約束のできないやつが想いを伝えることはズルイとも思ったし、卑怯だとも思った。旅を終えて、東京へ戻って来た時。気持ちが変わっていないのなら、その時に伝えようと思っていた。旅に出てからもずっと好きでいられる自信もあった。

近所の神社へ、二人で初詣に行った。僕は旅の安全とエミを好きでいられることを願った。

その帰り道、突然エミから、

「私のことどう思っている?」

と聞かれた。僕はビックリした。そして精一杯のひとことが出た。

「真剣に考えている。」

正直に好きと言えない立場を理解してくれたのか、エミは間髪入れず「嬉しい。」と言ってくれた。「ずっと前から好きだった。」とも言ってくれた。

僕たちは今後のことを真面目に話し合った。理解し合い、付き合うことになった。旅から帰ってきたら、なるべく早いうちに結婚しようと約束した。エミは、「ずっと待っているから。」と言ってくれた。

オンボロ軽ワゴンを改造する

旅の準備を急いだ。まずは車を購入しなくてはならない。

目標の資金額には残念ながら届かなくて、車の価格も低目に設定せざるを得なかった。また問題が浮上した。考えれば当然なのだが、車を買うには車庫証明が必要だった。使わない駐車場の代金を毎月払うわけにはいかない。僕はいま住んでいる都内のアパートも引き払うのだ。東京で車を買うのは諦め、実家のある山形で車庫証明を取ることにした。山形に住んでいる父親に、週に一回のペースで僕の希望に合いそうな中古車を紹介してもらう。しかしこれがなかなかどうにも決まらない。

時間はどんどんなくなっていく中、ギリギリの二月中旬。一台の商業車ベースの軽ワンボックスが見つかった。年式は古く、走行距離もすでに八万八千キロメートル。しかも車検がその年の九月下旬までと条件は良くなかったが、とにかくお金と時間がなかった。

車検に関しては九月までに旅が終わらなかった場合、その土地で受けてしまうという強行作戦に出ることにした。すぐに山形へ車を取りに行き、東京へ持ち帰った。そのまま釣りの大先輩である大城さん宅まで持って行き、旅仕様に改造だ。

まずは後部座席を全てフルフラットにした。そこに収納ＢＯＸを置いて天板を敷いた。寝床を確保し、さらにテーブルも置いた。これで生活スペースはバッチリ。エンジンを切っても電気が使えるようにと、サブバッテリーも搭載した。大城さんにほぼ全てをやってもらい、旅仕様の車が出来上がった。軽ワンボックスの狭いスペースで、寝床、収納、読み書き、タイイング、食事スペースを全てクリア。家庭用電源もＯＫで、電子炊飯ジャーも使えるのである。

小さなキャンピングカーと言っても間違いはない、完全な仕上がりだった。

六〇人の前で涙を流す

出発まであと一〇日余りとなった頃。エミにある居酒屋へ呼び出された。時間通りに行くと、そこには六〇名もの方々が集まっていた。

いつも親しくお付き合いしてもらっている顔ばかりだった。串焼屋のお客さん、釣りの先輩方、親友たちが僕の壮行会を開いてくれた。すでに涙があふれそうだったが、トイレに行って何とかごまかした。もう胸がいっぱいだった。

その会で様々な餞別をいただいた。信じられない大金や釣り竿、リール。この時から僕の旅は一人ではなく、皆の思いを背負っての旅になると思った。最後に遠山さんから熱いひとことをいただいた。今まで我慢していた涙が一気にあふれ出てきた。こんなに大勢の前で涙したのは初めてだった。

東京・中野はあいにくの雨。僕は気にならなかったが、エミは「なにもこんな雨の日に出発しなくても。」と不安そうだった。

行き先は決まっている。三月上旬。もちろんマッチ・ザ・ハッチ（水生昆虫の羽化に合わせたフライフィッシング）が面白い。熊本県、阿蘇白川へ向け、前だけを向いた。

Ⅱ
ひとりの時間
熊本、鹿児島、宮崎、福岡

車のフロントガラスを大粒の雨が打つ。

ワイパーをフル稼働させるとキィキィ音がした。

「大丈夫か?」

僕はオンボロ車の不安を打ち消すように
アクセルを踏んだ。

西へ向かって

僕は住み慣れた東京・中野を出発した。
いつもの走り慣れた道、見慣れた街が不思議と新鮮に見えたのは、とても興奮していたからだと思う。これから始まる旅に大いなる期待とちょっとの不安がグチャグチャに交差し、気持ち悪くなるほどドキドキしていた。足元が妙にフワフワし、アクセリングとブレーキングがままならない。エンストも一回してしまった。

都内を抜け、国道一号線をひたすら西へ向かった。漁港の灯りや潮の香りで海の近くを走っているのがわかる。相模湾、駿河湾、遠州灘の沿岸を通り、愛知県までやってきた。時刻は午前三時。目ははっきりと開いているが体はクタクタ。国道脇のコンビニ駐車場で仮眠させてもらうことにし、シュラフ（寝袋）に潜り込んだ。

大型トラックがよく通る。雨は弱くなったが、屋根を打つ雨音が静かな車内へ響く。全然眠れない。今、僕は一人。そして旅は始まったのだと、この時に実感した。楽しさと寂しさ。正直言うと、後者の方が勝っていた。僕は一昨日のことを思い出していた。

「旅に行かないで。」（エミ）

「旅に行かないで。」

行きつけの呑み屋を出ると、エミが突然僕に言った。

「何を冗談言ってるんだ、帰るぞ。」

僕はエミの手を引いたが、じっと動かない。うつむいた顔を覗くとぎゅっとつぶった目から涙があふれていた。酒に酔い、冗談を言っているのだと思ったがエミは本当に哀しい顔をしていた。

僕はとっさに抱きしめ、何か言おうとしたが言葉が出てこない。何を言えばいいのか？　何か言えることでもあるのか？　口を開いてしまうと全てが無責任な言葉になりそうで僕はおそろしかった。強く抱きしめるのが僕の精一杯だった。

翌日、出発の朝。僕は準備を急いでいた。積み込む荷物をせっせと運んでは、無造作に車へ放り込んだ。そんな僕にエミは言った。

「なにも雨の日に出発しなくても。」

「大丈夫こんぐらいの雨なら。」

エミは呆れたのか、それとも一度言いだしたら聞かない性分の僕を理解しているのか、テキパキと準備を手伝ってくれた。おかげで夕方前には全ての荷物を積み込めた。エミも送り出す覚悟ができたのだろうか。僕はふざけて聞いてみた。

「昨夜、エミは行かないでって言ってたけど、本当に行っちゃうよ。」

エミは笑顔で言ってくれた。

「早く行けっ！」

これで心おきなく出発できる。エミに感謝。

夜になると予報通りに雨が強くなった。なにもこんな雨の日に。僕でさえもそう思えてきそうなくらい、どしゃ降りになってきた。この日にどうしても出発しなくてはならない特別な理由はなかった。渓流釣りの解禁日の混雑がおさまったころに川へ着ければいいやくらいに思っていたので、出発日の変更は可能だった。

だけど僕はずっと以前から今日の出発日と、旅の間のルールだけは決めていたのだ。

旅の間の六つのルール

全てが自由では堕落してしまいそうな僕に、旅を苦しめない程度のゆるいルールを設けることにした。みな最後まで続けられそうなものばかりである。
①毎日日記を書くこと。
②なるべく一度走った道は走らないこと。

③一度釣りをした流れには二度と立たないこと。
④郷に入ったら郷に従うこと。
⑤お金を節約すること。
⑥三月一日に出発すること。
ルールには全てに理由がある。
①記憶力が貧しい僕には必ずやらなくてはいけないことだ。とにかく忘れっぽいので、その日思ったことや、出会った方、行った場所を短かいメモ程度には残しておきたかった。旅から帰った後、いつか思い出に浸るためにもそう思っていた。
②いつも違う景色を見てみたいし、違う発見もしてみたいと思う。初めて走る道はすごくドキドキするものだから。
③僕は魚との出会いは一期一会だと思っている。大物を逃してしまっても、その場には執着しない。次の日にまた同じ場所へ入れば逃した大物は釣れるかもしれない。しかしそれならばむしろ未知なる場所で数多くの風景や魚達に出会いたい。
④そこに息づく伝統や習慣を理解しなくては、旅は楽しくない。僕は訪れるその土地土地のことをよく知りたいと思っていた。

⑤ルールというよりは切実な問題である。お金がなくては生きていけないし、前に進めない。しかしそれを悲観してはいなかった。ある程度のことはお金で解決できてしまう世の中だ。お金のない僕は何をできるのか、どこまでやれるのか。それを知るのも楽しみだった。

⑥目標を立てないとズルズルと日にちが遅れそうだった。特別な理由などないがとにかく三月一日に出発と、決めたのだった。

こんなゆるいルールの下、お気楽マイペースな日本一周釣りの旅が本当に始まった。

三月二日　山中、雪が舞う

渋滞でなかなか進めなかったがようやく名古屋を抜け、琵琶湖、京都五条、兵庫の山中を走った。雪が舞っている。細かい美しい雪。緑の山々をハラハラ粉雪が散り落ちる。僕の知っている山形の雪とは違う。遠くまで透けて見える雪降りはとても幻想的だった。

今日の目的地、姫路城までやってきた。あたりはすでに暗く、ライトアップされたお城は美しく大きい。素晴らしい物を見ると、何かの衝動にかられる。今日はここで一泊と思っていたが、前に進みたくなった。予定より時刻は早い。ならば前進！　やがて白くて大きい姫路城は見えなくなった。

姫路からは高速道路に乗った。九州までの料金を考えると、餞別に頂いたハイウェイカード一万円分をちょうど使えるのがこの辺りからだった。山陰自動車道に乗り備前のサービスエリアで一泊。明日には九州に入れる。

三月三日　家のないおばちゃん

体は疲れている。いつまでも寝ていたいが、あまりの寒さに目が覚めた。まだまだ本州は冬のなごりがあるが、九州にはもう春が訪れているのだろうか。本日中には九州入りだ。

さぁ、九州へ向け出発と、キーを回そうとした時、一人のおばさんが車に近づいてきた。

「随分遠くから来たもんだなぁ。」

とおばさん。

「東京からここまで二日間もかかってしまったよ。」と僕。

「あらまあ、それでこの先どこ行くの？　何の目的で？」

おばさんの質問攻めにあう。

三〇分も話していたと思うがその間にタバコを三本せがまれた。おばさんは僕の旅や目的が理解できないらしいが、「まぁ頑張れ。」と言ってくれた。三日間人と話をしていなかった分、楽しかった。

別れ際に、どこかこの近くで水を汲める所はないだろうかと問いかけてみた。するとすぐ近くのS

Aで湧き水が無料で汲めるよと教えてくれた。すごく助かる情報だった。

「おばちゃんありがとう。これで水の心配はなくなったよ。」

すると、すかさず
「一〇〇円めぐんでくれないか?」

とおばちゃん。

「なんで?」

僕が聞くと、昨日から何にも食べてないからパンを買うと言うのだ。この時、おばちゃんは家もお金もない人だと分かった。道理でタバコをよくせがんでくるものだ。僕も家がなくお金もないので一緒だったが。情報をお金で買う時代である。僕がおばちゃんにしてあげられることは何もない。

「分かった一〇〇円ね。」

とおばちゃんの手に渡した。そしたら今度は
「もう二〇〇円めぐんでおくれぇ、お願いします。」

さっきまでニコニコと話していたおばあちゃんが急に切ない顔をして言った。僕は断ることができなかった。

おばちゃんの言った通りに湧き水はあった。空のタンクが満水になる。手持ちのペットボトルに水を

汲んで飲んでみた。ほどよく冷たくてとても美味しい。

おばちゃんの情報を僕はちょっと疑っていた。もしやだまされたのではと。しかしその場所はたしかにあった。しかも想像以上に美味しい水。疑った自分が恥ずかしくなるほどにキレイな水だった。

備前からは左手に瀬戸内海を見ながらのドライブとなった。今まで見てきた海とは全く異なる。素晴らしい風景が広がっていた。まさに水墨画の世界。古くから変わらない絵の中の世界を僕は見ることができた。

知らない間にけっこうな距離を走っていた。ついに関門海峡を越え九州入りを果たした。いやがおうにもテンションが上がる。

「ウォ――――!!!」

わけの分からない奇声が自然と出る。ここまで長い道のりだった。熊本まではもう少し。まだ見ぬ阿蘇白川を思い、すでに気分は最高潮だった。

三月四日　初釣りでボウズ

とても天気のいい日。阿蘇山は青空によく映えていた。

僕は東京を出発して四日目にして、ようやく釣り竿が出せたのであった。まずは下見に歩き回るもライズはない。釣り人に話を聞いてみても皆さんが「天気が良すぎてダメ。」との答え。初日はライズも見られず反応もないまま終わった。

初釣りはボウズ（一匹も釣れないこと）。前途不安なスタートとなった。夢の阿蘇白川では尺（約30センチ）近いヤマメがバンバンライズのはずだったが、夢と現実の差を痛感させられた。予定や理想が少しずつ狂い始めてきた。そしてそれは魚のことだけではなかった。

僕は九州の寒さをなめていた。九州の春は暖かいと予想していたのでダウンジャケット一枚にスリーシーズンのシュラフ一つの軽装備。車の中で寝てはみるものの、氷点下まで下がる気温に一時間ごとに目を覚ましてしまう。

誰一人知人がいない場所で、身が痛くなるほどの寒さ。寂しい、というより、悲しい。

魚が釣れていれば違ったかもしれないけれど。

三月五日　おじいさんに怒られる

次の日も快晴。水面はずっと静かなまま。それでも歩き回りライズを探す。すると一人の農作業中のおじいさんが話しかけてきた。九州の方は皆さん優しくて、よく話しかけてくれる。

僕は地元の方とコミュニケーションをとりたいと強く思っているので、話しかけてくれるのはとても嬉しい。これからの旅の間、こういう時に話ができないと、一日中、ひとことも発さない日もあるだろう。

「こんにちは。」

ニコニコと近づいた僕に、おじいさんはいきなりすごいけんまくで怒ってきた。全て地元の言葉だ。僕にはまったく分からなかった。僕はなぜ怒っているのかと聞いてみたが、おじいさんには僕の言葉も分からない。そこでゆっくりと話しかけジェスチャーでも表してみた。

するとおじいさんがなぜ怒っているのかが分かった。すぐ近くに停めてある車を僕の車と勘違いしているらしく、ここは農道なので車を停めないでくれと言っているみたいだった。そこで僕は続けた。

「あれは僕の車ではない。僕はここが農道で作業の邪魔になるのは知っている。川の近くに看板も立っているのでルールは守っている。」

ゆっくり体を使いながら説明した。しかし残念ながら伝わらなかった。温厚な僕もだんだんいらいらしてきた。そしておじいさんは許せないひとことを言った。

「これだから釣り人はダメなんだ。」

方言でよく分からなかったが、ニュアンスはそのままそう言っていた。僕はずっと我慢していたが、ついに声を大にして言った。

「ルールを守らない釣り人はたしかにダメだ。しかしルールを守っている釣り人もいるんだ。僕は東京から来て、地元のルールはちゃんと守っている。何キロメートルも下流の絶対に邪魔にならない場所へ車を置いて、ここまで歩いてきたんだ。そしてここに置かれている車は地元ナンバーではないか！」

おじいさんはキョトンとしていた。その声を聞いたおばあさんが遠くから駆けつけてきた。おばあさんはまぁまぁと言いながら仲裁をしてくれた。おじいさんはおばあさんにブツブツ言いながらその場から去って行った。理解し合えなかった寂しさだけがその場に残った。

もう釣りをする気は、全くなかった。こんな時に釣り続けても何も楽しくない。早々に竿をしまってしまう。地元の方はいい人ばかり。そして皆さん気持ち良く受け入れてくれる。これは九州全体で感じたことだ。しかしルールが守られていなければ話も違ってくる。ルールさえ守られていれば看板など立てる必要もないし、注意する必要もない。しかしそうしなくてはいけなくなってしまっている現状が悲しい。こんな日は酒の量も増えてしまう。残念無念。

三月六日　あたたかいシュラフ

次の日は大雨。絶好の釣り日和だ。白川三日目にしてやっとライズが見られて、そこそこのサイズの魚が三尾も釣れてくれた。大雨の中、流れの中に立ち歓喜の雄叫びを上げた。

「ヨォッシ！」

まだまだ釣れると、次のポイントへと急いだ。その道中、遠く橋の上に釣り人が見えた。近づいて話を聞いてみる。

「どうですか?」

「ライズも多いし、いいのがいくつか釣れましたよ。」

「僕も三日目にしてようやく釣れました。東京から来たのですが、ポイントも釣り方も分からず、今日まで魚を見られなかったんですよ。」

「えぇっ。東京から来たんですか!?」

ビックリした顔をしていたその方は、久留米市のバンブーロッドビルダー（竹竿作りの職人）井出高太郎さんだった。僕は井出さんに負けないくらいビックリした顔をしていたはずだ。お名前だけは知っていたが偶然にもこの場所で出会うことができた。釣り好きが話し始めると止まらない。僕の旅の話や釣り話、道具の話、バンブーロッドの話など。楽しい話ばかりだった。

小一時間も話をしただろうか。まだ白川ヤマメと呼べるグッドサイズを手にしていない僕のため、井出さんはあるポイントへ連れて行ってくれた。するとそこではいいサイズのヤマメばかりがライズしていた。僕の思う阿蘇白川がそこにはあった。

「わざわざ遠くから来たんですから、先にどうぞ。」

「いえいえ、井出さんが先にどうぞ。」

「僕はいつでもできますから。」

雨に濡れてブルブル震える日だったが、あたたかく優しい言葉だった。それは井出さんの人柄からにじみ出た言葉で、むげに断ることはできない。甘えさせてもらい、釣らせてもらった。大満足の一尾だ。井出さんとガッチリと握手を交わす。言葉にならなかった。二人ともただ笑っていた瞬間だった。

次は井出さんの番である。釣りのうまい方は立ち位置で分かるという。僕は井出さんの立ち位置を見てビックリした。こんなにポイントから遠くに立つのか。ポイントから遠く離れれば当然魚には有利に釣りができる。しかし離れれば離れるほどピンポイントには入らない。井出さんはずいぶん遠くからビシバシとポイントへ入れる。そして釣る。こんなにすごい釣りを見たのは初めてだった。僕の中でフライフィッシングの世界が広がった瞬間だった。

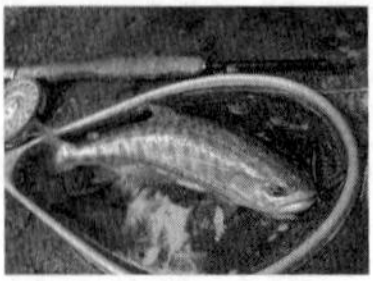
ヤマメ

帰り道、井出さんが僕の車の中を見てみたいと言うので、車に連れて行った。車内をひととおり見て面白がってくれたのが嬉しかった。僕が薄いシュラフを一枚しか持っていないのに気づいた井出さんは、おもむろに自分の車から自らのシュラフを出してきて僕に手渡した。
「よかったら使ってね。」

「いや、それは困ります。とてもいただけません。」

「じゃあもらわなくてもいいから、次に会った時必要なくなっていたら返すというのはどう？」

それで寒さを凌いでくれ、そしてまた会おうというメッセージは僕を素直にさせてくれた。ご自宅へ帰ってから井出さんは僕の携帯電話へ電話をくれて、今後一週間の天気と良さそうな川を教えてくれた。

僕が九州へ滞在している間、井出さんとはいくつかの川で合流し、一緒に釣りをした。その度に「シュラフをお返しします。」と僕は言うのだが、「また今度でいいよ。」といつも言ってくれた。その性能以上に思いやりのこもった井出さんのシュラフを、僕はもう手ばなせなくなっていた。

三月七日　こんなに幸せでいいのかな

翌日は快晴。この天気だと白川での釣りは厳しい。周辺の川もまだ季節が早い。

「ヨシッ。桜島を見に行こう。」

朝起きて、その日の状況で行き先を決める。一人旅の気楽さに自由な時間。

「僕、こんなに幸せでいいのかなぁ。」

なんて思ってしまう。

「こんな道楽者でゴメンナサイ。」

と、お天道様に一礼した。

三月にしては燦々と輝く太陽の下で最高のドライブ。阿蘇から鹿児島市内へゆっくりと車を走らせた。九州を車で走った方なら分かると思うが、車の速度が皆さんゆっくりしている。僕もゆっくりとした性格の人間なのでこのゆったり感がとても心地良い。のんびりと走り鹿児島市内へ着いた。

「あれが桜島か？」

ガスなのか霧なのか分からないが、シルエットだけがぼやけて見える。漁港にいた地元の方にいつもこうなのかと聞いてみるも、言葉が分からない。今度は、手を大きく広げて聞いてみた。

「桜島はでかいですね。」

「うん。でかい。」

地元の方は親切に色々なことを教えて下さったがやはり言葉が分からない。それでもTシャツ一枚で歩ける陽気にゆったりとした時間の流れ。気持ちがいいので鹿児島市内を散歩してみる。近代化は進んでいるが、街は羨ましいくらいに素敵だった。まずは大都市なのにゴミがほとんど落ちていない。とてもキレイなのである。

そして車同様歩いている方々も皆さんマイペースである。僕は観光で来ているのにスタスタ歩いてしまう。しかしスーツを着た地元のサラリーマンはゆっくり歩いている。そんなに急いでなんとやらと、僕がサラリーマンに言われてるみたいで恥ずかしかった。この街を僕は一発で好きになってしまった。

その日の夜に海釣りをやった。河口でスズキを狙ったが反応はない。それではと釣り方を変えて漁港でクレイジーチャーリーを試してみた。すると面白いようにカサゴが釣れた。テトラとテトラの間にフライを沈めていくと穴の中から素早く出てきてパクッとひと呑み！

クレイジーチャーリー

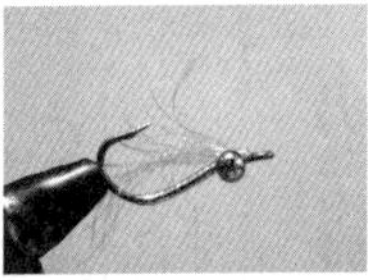

これがずっと終わりなく続くのだ。

少々飽きてきた頃、広い漁港のど真ん中を何かがクルージングしているのが見えた。とても大きい何者かがだんだんとこちらに近づいてきた。それはなんとエイであった。畳一畳に満たないくらいのサイズ。僕を気にすることなく優雅に泳いでいる。

鹿児島の夜。またゆったりとした時が流れた。

三月一〇日　先輩の実家で歓待される

あくる日、知人宅へお邪魔させていただくこととなった。知人とは言っても先輩の実家ということで、僕は面識が全くない。しかし、

「実家の近くに行ったら寄ってきなぁ。」

と言われていたので、思いきり甘えることにした。僕は一本電話を入れた。

「初めまして。僕は真柄と言います。東京で谷口さんによくお世話になっている後輩です。今、ご自宅の近くにいるのですが。」

「おうおう。話は息子から聞いている。今日の夕方に顔出せるかね?」

「はい。」

「それでは夕方に近くの駅まで向かえに行くから待ち合わせしよう。」

「はい。すみませんがよろしくお願いします。」

谷口さん宅ではいつでも来ていいようにしていてくれたと後で聞いた。

夕方まで少し時間があるので、久々に車内の掃除をした。シュラフやウェーダーを陽にあてて乾かす。次第に太陽が落ちてきて気がついた。たまたま海辺の広い場所に車をとめていたが、そこはサンセットビーチだった。天草灘にオレンジの丸い光が落ちていき、真白な砂浜も全てオレンジ色。こんなキレイな夕陽を今まで見たことあったかなぁ、と思うほどだった。

暗くなる前、谷口家のご両親が迎えにきてくれた。

「こんにちは。真柄と言います。」

「よく来たなぁ。まぁ家でゆっくりしてからだぁ。おっとその前に風呂に入るか？　旅の一番のご馳走は温泉だろ？　ならば先に風呂だ風呂。」

お父さんは元船乗りで、旅人の気持ちは良く分かってらっしゃる。すぐに温泉へ連れていってもらった。五日ぶりのお風呂は、そりゃ気持ち良かった。そして温泉から上がった後の生ビールは、人生で一番に旨いビールだった。

お父さんの船乗り時代のお話はとても面白かった。際どい話もいっぱいしてもらった。やはりそんな話が一番面白かったりする。地元の芋焼酎をお湯割でいただき、話も尽きることがない。とにかく楽しい夜だった。

翌日の朝、手土産までいっぱいもらって出発した。まだゆっくりしていけと言われたが、前に進まなくてはいけない。最後に家の前で写真を撮らせていただき、別れを告げた。

「どうもありがとうございました。」

お父さんとお母さんが見えなくなると急に寂しくなった。

三月中旬、そろそろ季節がいいころだと、僕は宮崎県五ヶ瀬川水系を目指した。

高千穂に着いたその日は、なんと吹雪だった。九州の三月でも雪が降るのかと驚いたが雪は高千穂にとても似合っていた。深い山谷によこなぐりの雪風が吹く土地の厳しさに美しさがみてとれた。山にはところどころに美しい花が咲いている。

山の麓の谷では、花にも負けないキレイなヤマメが釣れた。美しい花とヤマメ。この土地がもたらしてくれた自然の芸術だと思った。このあたりはどこに行っても絵になる風景ばかりで、そんな中、キレイなヤマメがよく釣れる。予定よりだいぶ長居してしまった。

三月二〇日　エミが来た

熊本空港のロビーに、本当にエミがいた。

三泊四日で九州を旅行しようと、東京から飛行機でやって来たのだ。いつもはスカートなど履かないエミが、今日はスカートを履いている。東京を出発して以来、久々に会うだけでもドキドキしてしまうのに、見慣れないその姿にもっと緊張してしまった。僕は目も合わせられないくらい、テレくさかった。

二人とも口数が少ない。エミも緊張しているみたい。大した話もしないまま車は熊本市内へ向かった。車内ではずっとエミが僕の手を握っていた。それでだんだんとリラックスしていく。二人の間に自然と笑顔がこぼれるまでには、時間はかからなかった。

エミの希望により熊本市内へ行ってグルメツアーとなった。ラーメンそして辛子レンコン。夜には馬刺しと地元の焼酎。レトルト食品中心の食生活を送っている僕には、どれもがご馳走だった。

二日前に誕生日を迎えていたエミに、安いもので申しわけなかったがリングを贈った。安物でも喜んでくれる彼女はとても可愛かった。次の日は阿蘇山をドライブして、別府、湯布院と温泉ツアーになった。今度はいつ会えるのだろう。僕のやりたいことを許してくれるエミにはいつも感謝だ。

空港で別れるとき、二人とも無理矢理つくった笑顔で手を振った。

三月二五日　極上の温泉

僕は熊本へ戻り、それから一〇日間以上も熊本県南部を釣り歩いた。里川でのマッチ・ザ・ハッチの釣りである。プリプリのヤマメを満足いくまで釣った。本当に毎日、どこの川へ入ってもよく釣れてくれた。これだけでも幸せだったが、釣りを終えた後の楽しみも、見つけてしまった。この楽しみがなかったら僕は一〇日間もこのあたりにいなかったかもしれない。

そこは満願寺温泉といった。釣りを終えて冷え切った体を心の中まで温めてくれた温泉。ただ温かくなりたいのであればどこの温泉でもいいと思う。しかしそれだけでは面白くない僕が、この温泉をとても気に入ったのには理由がある。

なんと言ってもロケーションが面白いのである。周囲に民家や旅館が立ち並び、道を歩く人からも丸見えの共同露天風呂なのである。また近所の方々がこの温泉に食器を洗いに来るのである。僕が温泉に入っているすぐ横でおばさんが「こんにちは。」と言いながらチャプチャプと食器を洗い始めるのだ。

最初はこのオープンな感じがかなり衝撃的で恥ずかしさがあったが、通ううちに不思議と慣れてきた。それと浴場の造りがシンプルなのもいい。万願寺川のすぐ脇にちょっとした囲いがされているだけ。大人が八人も入ると定員となるくらいの、こじんまりとしたもの。入ってきた人が皆、仲良くなれる空間だとも思った。

そして一番のお気に入りの理由は、川の水位と温泉の水位が近いのでハヤのクルージングライズが同じ目線で見れるところにあった。月が出ている夜などは波紋がキラキラと反射し、いつまでも見ていても飽きることはなかった。僕にとってこれ以上ない極上の温泉であった。

僕は結局一ヶ月半近くも九州に滞在した。美しい山に川と海。そして優しい人たちとゆったりとした時間の流れ。また九州に来たい、いや住みたい。それが僕の本当の気持ちだった。

四月八日　ゴギの棲む川へ

九州一の繁華街、博多。まだ日は落ちきってないがネオンは灯り始め、大勢の人が街へ繰り出して来た。手をつないで通り過ぎて行く恋人たち、会社が終わり連れ立って居酒屋の暖簾をくぐる仲間たち。

この時間は釣り場に立っていればプライムタイムだが、都市にいると瞬間、瞬間に寂しさがやって来る。大海原や川の流れを前にして一人でいる寂しさを感じることはない。しかし、大都市の喧騒の中には寂しさを感じるようになった。

一人の時間に慣れ過ぎたのだと思った。

遠くに車のクラクション音が響き、鳥の声も聞こえなくなって、僕は車を北に向けて九州を後にした。

桜前線の北上にちょっと遅れて、本州の日本海沿いを山口県から島根県へと入った。この地方特有のイワナの一種、ゴギの季節にはまだ早いだろうが、下流からゆっくり釣り上がろうと思った。

III

桜前線と共に

山口、島根、広島、高知

そこに何度も沈下し、少々古ぼけてはいるが
とても丈夫な橋がひとつ。
もうこの辺りで釣りをやろうなんて思わなかった。
釣りをやらずに心が満たされるなんて
初めての感覚だった。

四月九日　いい釣りした後は

山口県の日本海側を一気に北上し、島根県までやって来た。ロングドライブで疲れた身体に、青々とした日本海の眺めと、横いっぱいに連なる西中国山地の景色が優しい。海沿いの道から少し内側へ入るとすぐに山道になり、良さそうな川が見えてきた。流れは大きく太い。上流域への期待が高まる。

山は深くなり民家もまばらになると、いよいよという感じの流れになってきた。車のエンジンを切ると川の音だけが聞こえてくる。ウェーディングシューズ（川を歩くための靴）の紐を結ぶのも、ロッドに糸を通すのももどかしい。そう思いながらもこの瞬間をいつも楽しんでいる。ちょっとのドキドキ感。足早に川へと降りて行く。

流れ込みではライズが始まっていた。予想通りにオオクママダラカゲロウのハッチだ。桜前線と共に北上している僕の釣り旅では、常に意識する水生昆虫だ。九州でも幾度となく、釣りの内容を濃くしてくれた救世主だった。魚もオオクマを（食べる方で）大好きなように、僕も（釣りする方で）大好きになっていた。

九州のエノハ（ヤマメの地方名）に鍛え上げられた自信の一本、オオクマパラスピナーを結ぶ。斜め四五度からまっすぐに流芯へ落とす。波の動きに合わせフライが上下する。

「これは出る！」

次の瞬間、真っ白の水しぶきが上がりラインが躍る。

この日は良さそうなプールではどこでもライズがあり、一投一発の好釣果が続いた。大半がプリップリッのヤマメで、まれにイワナも顔を見せてくれた。こんな日は滅多にない。夜のお酒には一番高級なウィスキーを用意した。

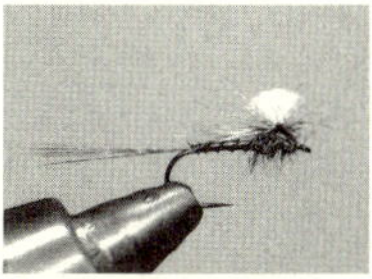
オオクマパラスピナー

日々の酒と一週間の食生活

今日みたいに良く釣れた日は、やはり一杯やってしまう。餞別にと何本もいただいたウィスキー、焼酎、日本酒の中から、気分やディナーに合わせチョイスする。飲み方は全てストレート。氷を買うお金などないし、水も貴重なので節約していた。クーラーボックスもないので強制的にこの飲み方になってしまう（僕は水道水を飲めない）。

ウィスキーは最初の一口目は喉が焼ける思いをする。しかし、二口、三口とやっていると、慣れなのか？　酔いなのか？　チビチビやってたのがいつの間にかグイグイになっていく。大人は味わって呑むものであるがまだ僕にはできない。

雪があれば、丸めてカップに入れて雪ロックを楽しんだ。雪独特の土の匂いや少し苦みがあるのだが僕はそれが好きだった。クーラーボックスがあれば…、と何度も思ったものだ。旅出発直前に買うつもりだったのだが、どうしても車の後部スペースに入りきらないのと予算の都合で諦めた。

クーラーボックスがないということは、お酒だけではなく食生活にも影響した。生ものはもちろん、賞味期限が遠い日に設定されている物以外は持ち歩けないのである。要はインスタント食品と米、味噌、梅干などで毎日の食事をまかなわなければならなかった。

しかしこれはこれで食費をさっぱり使わずに済んだのである。餞別にと沢山の方々から色々な種類のインスタント食品をいただいた。それはもう食べ切れないほどである。毎日の食事をインスタントでも飽きることなくいただけたのは皆さんのおかげと、とても感謝している。

旅の間の大体の曜日別食生活を紹介する。一日二食の生活で食事は朝と夜だけ。昼は釣りをしているので時間がもったいなく、ほぼ食べなかった。その分朝と夜は、お腹が膨れるまで食べたのだった。

月曜日　朝：塩おにぎり　夜：カレーライス
火曜日　朝：チャーハン　夜：牛丼と野菜スープ
水曜日　朝：ゆかりおにぎり　夜：中華丼と玉子スープ
木曜日　朝：味噌焼おにぎり　夜：カップラーメンとライス

金曜日　朝：梅おにぎり　夜：パスタとコーンスープ
土曜日　朝：乾麺のやきそば　夜：缶詰のシーチキンとライス
日曜日　朝：ふりかけおにぎり　夜：チキンラーメン二玉
＊なお朝食はコーヒー・味噌汁付きである。

こんな風に一週間を乗り切っていたわけだが、他にも色々なインスタント食品のバリエーションがあり、週の内でかぶることがなかったのは良かった。

毎日ご飯を炊く

僕の食生活に炊飯ジャーは欠かせない道具だった。出発前は飯盒でご飯を炊こうと思っていたのだが、毎日となると大変である。車にサブバッテリーを搭載して電気を使えることは、旅自体を本当に楽にしてくれた。現実的にこれがなかったら僕の旅は成立していなかったと思う。

夕方に釣りを終えると、そのまま次の目当ての川やポイント近くまで移動する。そして目的地に着くとまずは米を二合炊く。夜の一合と朝の一合を同時にセットする。そして炊き上がるまでの時間は、酒をチビチビ、梅干や缶詰を開けながら今日の釣りや会った人、見た風景などを思い起こす。そうこうしているうちにジャーから炊きあがりを教えてくれる音が聞こえ、おかず作りに移る。

ほぼ毎日フライパンとカセットフーコンロを使った。何でもお湯で温めることが多いので、ボンベは一本一週間のペースでなくなっていった。温めるのに使ったお湯は捨てずにスープなどに利用、または食器を洗うのに使った。なるべく捨てる物を減らし、できるだけ節約するようにした。これを習慣にすると後々楽になるのではと思っていた。

夜はフライを巻く

食事を終え、後片付けも終わると大体フライタイイングをする。毎日釣りをしているため、新しいフライパターンが毎日のように頭に浮かび、明日には試せるのでそれはとてもやりがいがあった。しかしというかやっぱりというか、最後にはほとんどが昔からあるパターンに行き着いてしまった。

昔からある何百年も残って釣り人たちに使われているフライには、やはりそれだけの理由がある。それが分かっただけでも良しと思う。完全にオリジナルなフライなど僕の想像力では作れないのであるが、それでもトライし続けてしまう。フライフィッシングは素敵な遊びだとつくづく思う。

タイイングが終わるとこれも必ず毎日やっていることで、日記を書く。どこの川、どのポイントへ入ったかや、釣れた魚、水温から天気、ハッチ（羽化）していた虫などを、本当はこと細かく書きたかったのだが大雑把にノートへ書き込む。釣りしてタイイングして酒が回った後に、詳しくとはいかなかった。

鉛筆を置くと時計は一二時を過ぎていることが多かった。

エミからは毎日電話が来る。

「毎日電話しなくてもいいよ」

と僕は言うのだが、毎日かけてくる。それはそれで嬉しいのだが、話した分だけ、エミの電話代金が心配だった。案の定、三月は後に二万円超えの請求書がエミに届いたという…。翌月から控えめにしたのは言うまでもなかった。

四月一三日　残雪の川で

連日の大雨と強風により三日ぶりの釣りだった。外はまだ小雨だがこれ以上車内へこもっているわけにはいかない。増水承知で車を走らせた。どこか釣りができる川はないだろうかと上流域、山深い所を中心に走ってみる。道中、キコリのおじさんが一服中で話を聞いてみた。

「ゴギ釣れますかね?」

これから釣りに行くのかい?　とでも言いたげな顔をしていたおじさんは、

「まだ早いんじゃないの。雪も沢山残っているし、雨ばかりで水多いぞ。」

と残念なお言葉。僕はそれともう一つ気になることを聞いてみた。

「熊出てます?」

「おうっ、もう出てるぞ。気をつけろ。」

苦笑いでおじさんにお礼を言った。

西中国山地の奥の方の川で、ギリギリ釣りができるかなといった流れを見つけた。少々濁っているが水量は大丈夫。まだ雪が残るちょっとした駐車場に車を停めた。この旅で初めて熊鈴に熊スプレーを装備すると、少なからず緊張が走る。森の静寂を打ち消すようにホイッスルを鳴らして川へ降りて行った。

ウェーダー越しに水の冷たさが一瞬にして身体中に行き渡る。おじさんの「まだ早いんじゃないの。」の言葉を思い出す。水温は五度以下、魚の反応は全くない。その後ポイントを変え、川を変え、何日間もゴギを追ったが、結局何の反応もないまま一尾も手にすることができなかった。

しかし、不思議と悔しい思いは何もなかった。ゴギは日本在来の貴重な魚、何か神秘的でハレ物にでも触るかのような感覚を僕は少なからず持っていた。もしもうこの土地を一度訪れることがあればまた狙える。それはそれで幸せだと思い、西中国山地を後にした。

四月一六日　初めてのカーフェリー

西中国山地を越えて広島県、竹原からカーフェリーに乗る。目的地は愛媛県今治。時間と料金を考えると瀬戸大橋を渡るより、フェリーで四国に入る方が安いし早い。瀬戸内海、大小様々な島を見ながらのクルージングはとても魅力的だった。

僕には人生初めてのカーフェリーだ。汽笛が鳴って船が動き出すと、旅をしている実感がもろに伝わり心地良かった。デッキに出て潮風に当たってみる。ちょっと寒いが悪くない。大小色々な形をした島々の間を爽快に駆けていく。なんとも気持ち良く素晴らしい風景。フェリーに乗ったお客さんもデッキに出て、この時間を楽しんでいるみたいだった。

僕も本来は楽しんでいるはずだった。しかし心底楽しめない理由があり、ほどほどにしか満喫できなかった。その理由は前日にあった。

原爆ドームでモヤモヤ

まだ見たことのない原爆ドームを見ようと広島市内へ入った。車窓越しに突然、原爆ドームとすぐに分かる建物が現れた。写真などでよく拝見していた建物とは様子が違うと感じた。車を降りて近くまで行ってみて、その違いが何かがはっきりと分かった。写真では僕に伝わっていなかったのであった。

実物はリアルなのである。原爆の悲惨さがすごくダイレクトに伝わってくる。本当にあったこと、現実に起きたこととして生々しくその場に残っている。僕はショックで言葉を失った。頭の中、心の中、別々にモヤモヤしたものがある。この感じはなんなのだろうか？ 世界で唯一原爆を落とされた国。その時、世界で一番悲惨な国だったことに間違いないであろう。僕の心は瀬戸内海へ沈む一方だった。

あたしゃ幸せだよ

数え切れないほどのため息をついた頃、フェリーは四国の地へ静かに着いた。

今日、エミが今度は家族と共に愛媛、香川旅行へやって来るのである。僕も同行させてもらうことになっており、松山で合流となった。エミの家族はご両親と兄貴、そして今年で九二歳になるまだまだ元気で、どこまでも明るい僕の大好きなおばあちゃんも一緒だった。

元気と言っても九二歳の身体。長旅に疲れていないかと少々心配だったが、僕の顔を見るなり、

「アラッ、あんた元気だったぁ。」

と元気なお声、そして僕の心配までしてくれた。やっぱりおばあちゃんは凄い方である。

僕はおばあちゃんに戦争中のことを聞いてみようと思っていた。しかし一緒にいた三日間で、ついに聞けなかった。それはおばあちゃんの

「あたしゃ幸せだよ。」

という嬉しそうな声を、何度も聞いたからだ。いま幸せなおばあちゃんに、一番辛かった頃の話をわざわざ聞くことはない。いま、幸せならばいいではないかと思ったのだ。そしておばあちゃんの楽しそうな声を聞くたびに、僕の中でモヤモヤしたものが少しずつ消えていった。

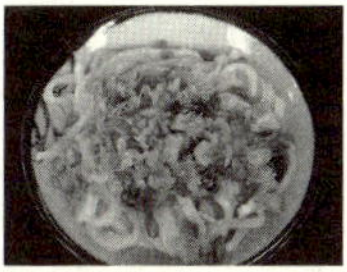

この三日間、エミとエミのご家族の方々と共に旅行できたのは本当に良かった。とにかく皆さんと久し振りに会えたのが嬉しかった。嬉しさのあまり、毎夜定量オーバーの酒に寝てしまっていたのは許していただきたい。今回もご両親には何から何まで大いにお世話になってしまった。

僕はなにか皆さんに、恩返しができればと思っている。その恩返しのヒントを僕はおばあちゃんの言葉からいただいた。エミとエミのご家族そして僕の両親にも、

「幸せだなぁ。」

と言ってもらえたら、それが恩返しになると思っていた。

四月一九日　四万十川で

エミとエミの家族とお別れをし、僕は次の目的地へ向かっていた。

愛媛から高知に入り、四万十川の上流域までやって来た。上流域だというのに山里を二つに分けるように豊富な水量が川幅いっぱいにあふれていた。躍動する水の動きに同じリズムで音が返ってくる。それがなんだか気持ちいい。

上流から中流域まで来ると、何本もある沈下橋がチラチラと目に入るようになってきた。僕は地元のガイドブックを見るまで、その沈下橋というものを知らなかった。解説を読んで、

「ほぉう〜。」

と唸りを上げたのだった。

ご存知ない方のために「沈下橋とは」を書いてみる。

沈下橋とは、高知県四万十川の流域に架かる欄干のない橋のことだ。欄干がないため増水した時に木片などが引っかからず、水の抵抗も少なくなる。最初から水没した時を考えて、シンプルに設計されているのである。僕はこの考え方にビックリした。

人間の力では到底立ち向かえない自然の猛威に対し、あえてたたかわないで最小限のダメージに食い止めるという発想には大感銘を受けた。

大丈夫、大丈夫

僕はある沈下橋の近くに車を停めた。

コーヒーセットとイスを取り出し、沈下橋、川、山の眺めが良い河原に腰を下ろす。コーヒーを入れると辺りにいい香りが広がった。大きく深呼吸して目を閉じてみる。草木が風に揺れる音や鳥達の声が耳に優しい。青々とした山の谷間にエメラルドグリーンの水がゆったり流れている。

そこに何度も沈下し、少々古ぼけてはいるがとても丈夫な橋がひとつ。人工物ではあるが妙にマッチしている絵だった。僕は一日中そこで過ごした。もうこの辺りで釣りをやろうなんて思わなかった。釣りをやらず心が満たされるなんて初めての感覚だった。

僕はその場を離れられなくなっていたが、強めの雨が降ってきたことで何とか理由づけができ、車に飛び込んだ。飲みかけのコーヒーを一気に流し込み、僕は四万十川を後にした。雨はますます強くなってきた。

河川も増水するだろう。でも大丈夫だ。沈下橋だから。

IV

四つの国から雲出づる国へ

高知、岡山、広島、島根

立派な松が幾本も並ぶ林の中。
木漏れ日が動くと微かな潮風が吹く。
「海までもうすぐだ。」
小高い丘を抜けると急に空が開け、思わず光に手をかざす。
細めた目をゆっくり戻すと、左から右へ手前から
ずっと奥まで、果てしなく続く太平洋が広がった。

四月二〇日　幕末の志士になる

月の名所は〜と、よさこい節にも唄われるのがここ桂浜。

高知市内の南に位置し、太平洋に突き出た竜頭岬と龍王岬の間に、ワンド状になっている砂浜だ。夜はもちろん月見がいいのだろうが、明るい内は大パノラマが楽しめる。クリアからブルーへのグラデーションが鮮やかな海がどこまでも広がり、鮮やかな弓状の砂浜を美しい曲線で白波がなぞる。とても高い値を付けそうな絵画がそこにはあった。

その昔、幕末の頃。坂本龍馬はこの風景を愛した。そしてこの場所で同志たちと日本の将来について語り合ったと言われている。どうなればいいのか？　どうすればいいのか？　同志たちは自国のことを考え、熱く討論していたのだと思う。

できれば僕もその輪の端でいいから加わってみたかった。無理とは分かっていても想像するとワクワクした。頭の中では僕が立派な志士になっていた。(あくまで想像です)

僕は目の前の微笑ましい光景を見て現実に戻った。子供たちが波と追いかけっこし、老夫婦が仲良く散歩している。とても幸せな時代だなぁと思う。ましてや日本縦断釣りの旅までしているヤツもいる。

僕は聞いてみたい。「龍馬さんが志した日本には近づいていますか？」

四月二一日　食べるのは苦手

正直に言う。僕は釣りは大好きだが魚の味が苦手である。サバの缶詰にあたった時からそうなった。

「もしもし真柄です。高知着きました。」

東京でお世話になっていた吉永さんに、約束の電話を入れる。

「おう。高知着いたか。結構早かったやん。実家には連絡しとくから寄っていき。カツオのタタキでも食いながら、うちの親父と一杯やったらええやん。」

「でも僕、魚食べられないの知ってますよね。」

「大丈夫やて。食ったら変わるて。」

「はぁ…。でも本当にお邪魔していいんですか?」

「ええよ。ええよ。」

僕はご厚意に甘えさせてもらうことにしたが、失礼ながらも「本場のタタキ」でも慣れないかもなぁ、とこの時までは思っていた。

初対面の僕をご両親は温かく迎えてくれた。先にお風呂を頂戴し、リビングに戻るとテーブルにはご馳走が並べられていた。高知名産の野菜や山菜がお浸しや天麩羅に料理され、ドカッと盛り付けられていた。そして奥の台所ではお父さんがカツオを捌いている。高知ではカツオだけは男が料理すると聞いていたが、本当にそうだったのが少し嬉しかった。

テーブルの中央に、カツオのタタキがドンッと乗った。切り身一つ一つが凄い大きさだ。

「その大きく切るのも旨さの秘訣だ。」

とお父さんが教えてくれた。ビールで乾杯し、早速一口いただく。「ん?!」

僕は不思議に思った。口に入れた瞬間の魚の臭みが全くないのである。そして外はパリッと中は柔らかく、食感も最高だった。

「すんげぇ、うまいっスねぇ。」

僕は同じことを何度も言い、いくつも頬張った。魚嫌いという意識はすでになくなり、用意されていた刺身にまでも手を出していた。どれもがとても美味しく、魚の本当の旨さ、高知の海の豊かさを知った。

次の日の朝、めっぽう酒の強いお父さんに最後まで付き合えなかったことを詫びた。

「すいません。先に寝ちゃって。今度また寄らせてください。その時は朝まで付き合いますから。」

「そんなの気にするなよ。いつでも来てな。今度は彼女も一緒にな。」

お父さんは笑って言ってくれた。

「本当にいつでも来てね。」

お母さんはそう言うと、手にいっぱいのお土産を持たせてくれた。

お父さん、お母さんともバックミラーから見えなくなるまで見送ってくれた。

四月二三日　午前二時、砂にはまる

僕は釣れないヒラスズキを追いかけていた。この日も日が落ちてから動き出し、夜明けまでのタイムリミットに焦っていた。高知市内から東に向けて、一つの河口と二つの漁港で竿を出したがまたまたノーヒット。しかし今日になって初めてヒラスズキの魚影だけは見ることができた。

「今日は釣れそうな気がする。」

後々に考えると、僕はこの辺りから平常心を失っていたのだ。

ポイント探しに地図を眺めるとすぐ近くに良さそうな河口があった。しかしポイントまでアクセスできそうな道がない。

「パスするか？　とりあえず行ける所まで行ってみるか？」

僕は何となく後者にした。しかしこれが一つ目の過ちになるとは、この時は知る由もなかったのだ。

地図の通り、道が切れるとそこからは砂浜になっていた。しかしそこからずっと先までタイヤの跡が続いている。

「大丈夫か？　行けるか？」

僕は砂の感じを確かめようと車を降りた。タイヤの跡を歩いてみると思ったより柔らかい。無理だなぁと思い車に戻ろうとした時、一台のジムニーが爽快にその砂浜を走り去って行った。

「おぉ、行けるねぇ。」

僕は思いっきりアクセルを踏んで走り出した。一〇メートルまですんなり行ってくれたが徐々にスピードが落ちていった。「やばいっ！」と思った時にはすでに手遅れ。ついに停まってしまった。

次の瞬間、僕の身体にザワザワとしたものが上から下へゆっくりと降りていった。ウンともスンとも動かない。砂を掘り出したり、木の板を敷いたりしても何も変わらない。

―一時間ほどたっただろうか？　僕はタバコに火を付け砂浜に寝っ転がり、星空につぶやいた。

「ジムニーは行けたのに、僕の車は四駆なのに、今日こそは釣れそうなのに。」

この考えが二つ目の大きな過ちだった。ジムニーは世界一の走破性能を持っている。僕の車は四駆とは言えど軽のワゴンで、しかも家財道具一式を満載して明らかな重量オーバーであった。考えればすぐに分かりそうであるが、釣れそう、という魔力に頭の中は麻痺していたのであろう。

時計を見るとすでに午前二時をまわっていた。周りに人などいるはずもなく、人の家のチャイムを鳴らす時間でもない。僕は地図を見た。約二キロメートル離れた所に警察署がある。そこまで歩くしかない。

疲れきった砂まみれの身体を引きずるように進んだ。静かな田舎町で辺りは真っ暗。僕の足音だけがやけに響いた。

遠くに警察署の灯りが見えてきた時は、希望の光に見えた。急に足どりが速くなる。

「スイマセン。砂浜でスタックしてしまいました。」

「こんな時間に何をしに砂浜へ入っていったんだ?」

明らかに警察官は僕を疑っていた。

「どうしても釣りがしたくて…。」

呆れ顔になった警察官は五名も集まってくれ、出動してくれた。六人で車を押すといとも簡単に脱出できた。

「本当にありがとうございました。とても助かりました。」

僕は二度と警察官の悪口は言わないことをこの時に誓った。

もう夜は明け始めていた。身体はクタクタ。

「今日こそは釣れそう。」

性懲りもせず、まだそんなことを思っていた。

もっとゆっくり釣りしなさい

明け方、すぐ近くの漁港へフラッと寄ってみる。漁師たちが出船の準備に次々と集まってきていた。皆さんが何だアイツは、と言うような目で僕を見ているような気がした。

「遊びで釣りとはいいね。俺たちはこれから仕事だよ。」

と言われているような気がして恥ずかしかった。

ヒラスズキ（セイゴ）

シラスミノー

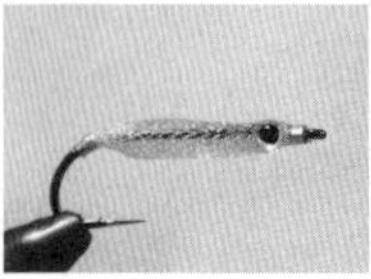

漁港を一周し終える頃、停泊している船の先の方から、ピシャッ！という音が聞こえた。気のせいかなとも思ったが、ジッとその辺りを見つめると、すぐにもう一回、ピシャッ！とやった。思わず身を屈める。

三度目に水面に出た時には顔が見えた。間違いない。ヒラスズキだ。ボイル（魚がエサを食べる仕草）の様子からベイト（エサ）は小さいだろうと思い、チューブを巻いただけのシラスミノーを投げる。一発で出たがハリに乗らない。次も出たが乗らない。次こそは、持っていった！

それからのことは頭が真っ白になり、よく覚えていない。ただ足元には四〇センチちょっとのヒラスズキが横たわっていた。ついに僕は釣り上げたのだ。サイズは小さいがむちゃくちゃ嬉しかった。身体はホトホト疲れていたが、顔だけは一気にゆるんでいた。

調子に乗った僕はすぐ隣の河口へも足を運んだ。波消しのテトラのすぐ横ギリギリにフライを落とし、リトリーブ（ラインを手で引いてフライを動かすこと）を始めた。ゴッ、ゴッ、ゴン！　またも来てしまった。今度も同じサイズのギラッギラッのヒラスズキ。今までさっぱりだったのに、釣れる時はこうも簡単に釣れたりする。テクニックが上達したわけではなく、タイミングが良かったのである。

時に釣りとはテクニックよりもタイミングの方が重要だったりする。今までテンポ良く来すぎてしまっていたのだ。もっとゆっくり釣りしなさい、と、あの砂浜でのスタックに教えられたのだと思う。

魚が釣れるとこうもポジティブになれる僕は、やはり釣り人だった。

四月二五日　同行二人

高知から徳島へ入り、いよいよ四国も一周の終わりが見えてきた。

最後のクライマックスの釣りは、鳴門でのメバルをターゲットに挙げた。暗くなる頃に鳴門市から大毛島へと渡る。漁港の灯りがどんどん点き始めると気持ちが高ぶりソワソワしてきた。いつもこの時がたまらなく楽しい。

光に集まる魚のように、釣り人たちもどこからともなく集まり始めた。今が一番のハイシーズンで人気上昇中のメバルである。どこへ行っても人がいっぱいだった。空いている釣り座へ入れてもらい、チョコチョコ竿を出し、何尾かには遊んでもらった。しかしそれでは満足いかなかった。いいサイズは出てないし、いっぱい釣れないとメバル釣りは面白くない。

僕は人のいないポイントを探すことにした。大毛島から鳥田島に渡るも人は多かった。そこで思いきって四国本土の瀬戸まで大移動をする。ここまで来ると人はまばらになり、ようやく誰も入っていない一つの漁港で釣り始めることができた。

タングステンアイをつけたクレイジーチャーリーを深く沈める。ラインはフローティング（水面に浮かぶタイプのフライライン）。ゆっくりリトリーブして、浮き上がらせては沈めを繰り返す。すぐ一尾目が来た。サイズは小さいが良く引いてくれる。次もすぐに来た。また次もすぐに来た。五尾も立て続けにヒットし、サイズもどんどん良くなってきた。

アタリ（魚からの反応。魚信）が遠のき、ここまでかなとなってきた。

ドスン。という手応えに、今日一番の魚だと感じた。バレるな。バレるな。バレるな。僕は頭の中で念仏のようにその言葉を繰り返した。願いは通じ、そのいかつい顔をしたメバルはようやく観念した。サイズは二五センチオーバーもあって、僕の釣り人生の記録となった。四国での最後の釣りは最高のフィナーレを迎えた。

次の日、僕は瀬戸大橋を進んだ。瀬戸内にポコポコと浮かぶ島々がそれぞれ個性的な盆栽のように見える風景を、僕は楽しんでいた。それと同時に背にする四国の思い出にも浸っていた。四国に渡ってからずっと全然魚が釣れなかったとき、「これは修行だ。」なんて思ったりしていた。自分の姿を四国八八ヶ所巡りをするお遍路さんに重ね、恐縮ながら勝手にそう思っていたのである。

僕はお遍路さんの白衣に書かれた〈同行二人《どうぎょうふたり》〉という言葉を思い出していた。いつも弘法大使と一緒という意味だそうだ。同行二人。この言葉を知っていると心強い。

旅で使った釣り道具たち

川用の釣り道具

フライロッド：　ウインストン　WT　8フィート6インチ　#3　3ピース。

川釣りでミッジ（極小の毛バリ）からウエット（水に濡らして使う毛バリ）まで使う僕の釣りにはとても重宝する一本だ。ウインストン社の伝統的なアクションがとても好きだ。深緑のブランクカラーも魅力。

フライリール：　ハーディー　フェザーウエイト。僕が軽量級のリールに求めるものはデザイン性。何十年もデザインの変わらないこのリールのデザインはやはり優れていると思う。
フライライン：　ウルフ　TTライン　#3。ウインストンの竿にはとてもマッチしている。ロングキャストの時は特に投げやすい。

本流・湖用の釣り道具

フライロッド：　ウインストン　WT　9フィート　#6　2ピース。キャスティングも繊細、釣り味も繊細。僕の一番好きなロッド。
フライリール：　マーチン　MC56　昔から使い慣れ親しんだリール。塗装がはげ、ドンドン格好良くなってきた。
フライライン：　エアフロ　マルチティッププライン　#6。釣り場ですぐにティップ（ラインの先端）を変更できる。

海用の釣り道具

フライロッド：　ループ　グレーライン　9フィート6インチ　#7　3ピース・2ティップ。とにかく良く飛ぶ竿。キャスティングに気を使わず釣りそのものに集中できる。バックスペースの取りづらい漁港などでは、シングルハンドでのスペイキャスト（フライキャスティングの一種）も多用する。その時この竿の真価が発揮される。

フライリール：　ノーチラス　ナンバー8。頑丈な作りと高性能ドラグが付いたリール。使っていての安心感が違う。とても信頼している釣り道具。

フライライン：　各種（海用のロッドとリールは旅の餞別に釣りの先輩方々からいただきました。本当にありがとうございました。）

このような高性能で使いやすい道具で、僕は釣りの旅をしている。よって魚を逃がした場合は全て僕の腕のせいとなる。

四月二九日　神々の集まるところ

数日間、岡山・広島・島根の山間部を走り、良さそうなポイントを見つけては竿を出し釣りをした。どこへ入ってもキレイな魚と出会え、僕は満足していた。

もう山を降りよう。そう思い、島根の日本海側を目指した。神話の国、出雲づる国、島根県は出雲大社へやってきた。全ての神々が集まる場所。すごいところへ来たものである。

僕は、まずラフな服装（Tシャツ・短パン・サンダル）から手持ちの一張羅（白いYシャツ・コットンパンツ・靴）に着替えた。不思議と背筋が伸びる思いがした。見上げるほど大きい日本一の大鳥居から一歩中へ入ると、少なからず緊張が走った。まだまだ本殿は見えない。この着きそうで着かない、見えそうで見えない距離感が期待を高めてくれる。

豊かな緑に囲まれ広々とした参道は、歩いているだけで気持ちがいい。そこを抜けるとようやく本殿の屋根の部分が見えてきた。本殿の中には入れないし、見られない。近くに行っても見られるのは屋根だけである。

僕はあまりにも壮大なスケールに言葉を失った。とてつもなく大きくて、独特の品格と風格があった。大きな物にはしばしば品の無さを感じたりするのだが、そんなことは全くなかった。屋根しか見えてないのに、すごい重圧さが伝わってきた。神楽殿のしめ縄にも驚いた。こちらも日本一の大きさである。長さは一三メートル、太さは八メートル、重さは五トンにもなる。全ての神が集まるところには、やはりこれだけのスケールが必要なのだろうか。

僕はただただ圧倒され、自分のちっぽけさを感じた。それは旅に出てから今まで見てきた大自然の中に感じた思いと、すごく近かった。

世間はゴールデンウィークに突入し、釣り場の混雑は容易に予想できた。年中休日の僕はいつでも釣りができる身。ゴールデンウィークの期間中は全く竿を出さなかった。そして、連休が明けると一気に動き出した。

鳥取県大山方面には素晴らしい川がいくつもあるという。

大
山

V

旅と釣りと僕とエミ

鳥取、島根、京都

「夜に出発するもんじゃない。今晩も泊まっていけ。」
マツ君の家へお邪魔して二日目の晩、三日目の晩も
お父さんに言われた。
口数の少ないお父さんが少々強引に言う。
温かくて優しくて僕は甘えやすかった。
うちの親父も同じことを言うなぁなんて、
実家のような居心地の良さを感じていた。

五月三日　マッ君の家で

夜間労働者だった頃、同じバイト仲間に島根出身のマッ君がいた。今は実家に戻っていて「島根着いたら連絡ちょうだいね。」と言われていた。僕は島根に入ってさっそく電話をした。

「マッ君、島根着いたよ。呑もうよ。」

「本当に来たね。よし呑もう。呑もう。」

ずうずうしくも実家におじゃまさせてもらった。マッ君の家には、ゴールデンウィーク中の四日間もお世話になった。出発するとき、ご家族へお別れの挨拶をした。僕はただ一生懸命頭を下げた。

「また来なさい。」

お父さんの言葉に胸が熱くなり、一気に込み上げるものがあった。僕は悟られないように急いで車を出した。マッ君が用事で留守の間、暇そうにしている僕を連れ出してくれたのが、お父さんだった。

地元の島根県松江市を中心に、この辺りに数多い古墳へ行き、格式ある神社にもいくつか行った。日本海から美保湾までを一望できる高台へもロープーウェイで登った。夜には温泉に入り、家に戻ってからは二人で酒を呑み交わした。

また、お母さんには美味しい食事と酒のつまみをご馳走になった。その中でも抜群に旨かったのが、名物・宍道湖のしじみの味噌汁と、直径二〇センチ、高さ一五センチもあるモウソウ竹の筍。この土地でしか食べられない最高のご馳走だった。

晩ご飯を食べ終わる頃に、マツ君のお兄さんが仕事を終えて帰ってくる。するとそこからはお兄さんとも酒盛りが始まる。知識人のお兄さんはこの土地のこと、歴史、政治経済、そして自然環境まで色々なことを教えてくれた。お酒は進み、話も尽きない。いつまでも続いて欲しい夜だった。

今日には出発しようと思っていた朝。お兄さんが温泉へ連れて行ってくれた。『出雲国風土記』にも登場する歴史ある玉造温泉に入った。『出雲国風土記』には、「一度湯に入ると容姿が端正になり、再び入れば万病が治る」と綴られている。普段鏡など全く見ないが、洗面台に映る自分の姿がちょっとはマシになったかと覗き込む。う～ん？

原点の釣り

風呂上がりに宍道湖沿いの喫茶店でモーニングセットをいただいた。朝靄が立ち込める湖と遠くに霞む山々の風景がとても神秘的で、そこにコーヒーの香りが立つと優雅な時間が流れた。ウェイターがカップを運ぶ音、お客が新聞をめくる音まで全てが心地よかった。

その日の夜、鳥取県の境水道で釣りをした。マツ君とマツ君の友達とで最後に釣りをやろうということになり、スズキを狙いに行った。魚の活性は高く、そこら中で水しぶきを上げていた。道具は僕の持っているワンセットしかないから順番でキャストし、投げては引いてを繰り返した。

僕以外は初めてフライロッドを握る二人だったが、バンバン反応があった。

「今、なんかコンコンときた。」

「うそっ。」

「次は釣れそう。」

「ハイ、俺の番ね。」

「キター。」

「…逃げられた。」

「ヘタクソ。こうやるんだって。」

「よしキタッ。（ポトン）」

「ハハハ。目の前で逃げられてやんの。」

結局、皆にアタリはあったが一尾も釣ることができなかった。

帰り道、「釣れなかったけど最高に面白かった。」と誰かが言った。僕は釣りを始めた子どもの頃を思い出した。あの頃も友達みんなで川へ行き、一尾も釣れないまま帰ることが多かった。それでもメチャクチャ楽しかった。山形から遠く離れた島根で、釣りの原点の楽しさをまた味わうことができた。

五月四日　たまにはお金のことも考える

松江を出発して次の日、鳥取県に入って財布の中身を見ると随分と寂しくなっていたので、銀行のATMへ入った。さっそくカードを入れると「使用中止」の表示が出た。ゴールデンウィーク中は休止しております、との非情なお知らせを目にして、血の気が引いた。

僕はお金について「全く計画性のないやつだ。」とよく言われる。金づかいが荒いのではなく、あってもなくても気にならない性質なのだ。自分で痛感して、泣きながら笑ってしまった。

旅に出てから二ヶ月が過ぎて、僕は手持ちのお金の今後の出費予定と分配を考えた。今までどんな節約をしてきたかも振り返ってみた。

まず第一に、遊漁券を買わなくてはならない。一日券が大体どこも千円前後なので、釣りをする日は出費する。地図を見ながら良さそうな川に目星をつけ千円札を置いていくと、何とかいけそうだ。同じ漁協が管轄する川を何本もやるようなら、いっそ年券を買おうと思った。三千円から五千円はする年券でも、長居するならお得だ。

次に車の燃料代である。僕の車の一リットル当たりの走行距離は一二〜一三キロメートル。満タンで四〇〇キロ走る。ガス代は大体四千円いかないくらい。財布の残りがほとんどなくATMも使えない今、この出費は痛い。ガソリンを千円分だけタンクに入れて凌ぐ作戦をたてる。旅に出た当初に比べてガソリン代がどんどん高騰しているので、我が家の家計は一気に火の車になっている。

このままではまずいと僕なりに考え、とにかく安いガソリンスタンドで入れることを努力した。市街地の国道沿いに何軒も並んでいる店は、やはり安い。その中でも特に安いのが、並んでいる真ん中辺りのお店である傾向が強い。そんなお店を探しては、タンクが三分の一でも減ったら入れるようにし、エンプティ近くになってから高いガソリンを入れないようにした。

最後にタバコだ。この旅唯一の贅沢品である。一日に一箱三〇〇円。一ヶ月で一万円近い出費だ。財布の中身を寂しくする原因の一つだとは分かっていても止められなかった。素晴らしい魚を釣った後の一服は最高だし、美しい風景の前でコーヒーを飲みながらの一服も最高だ。もっとも素晴らしい魚を釣った後の一服は、ごくたまにしか味わえないのだが。

五月五日　釣り人生、最高の舞台

お金はなんとか大丈夫だろうとの目星がついた。釣る川も決めたし、ガソリンも入れた。島根県は大山方面を目指した。何本かの川を釣りながら、本流の本命ポイントに着いた。そんなに期待していなかったのだが、予想を見事に裏切ってくれた。

大きな川に大きなプール。そこに小さな沢が一本流れ込んでいるポイントで、見渡す限りにライズが広がっていた。しかもそのアマゴのサイズは、どれもが尺前後で、見事なヘッド・アンド・テール（魚が水面に全身を出すこと）を繰り返していた。今までの釣り人生で間違いなく最高の舞台に、僕の手は震え出した。

ハッチしているのは大型の黄色っぽいカゲロウ。モンカゲロウにしてはやや小さい。オオマダラカゲロウにしては色が違うか。いずれにしろ近そうなフライは一二番のライトケイヒルしか持っていない。震える手をゆっくり宥めながらフライを結んだ。

ライトケイヒル

一投目から反応があった。フライの直前まできて大きな銀色の体がUターンしていった。その反動で水面が大きく揺れると、緊張もピークに達した。今のはドリフト（流し方）がイマイチだった。立ち位置を変え、ラインの置き場所も調整した。しかし、またもやドリフトが悪くUターンされてしまう。どんどんティペット（ハリス）を足して細くしていき、とうとう八X（糸の直径の単位。数字が大きい方が細い）までつないで、ようやくいい流れ方をした。

すると黒い三角の頭が水面に出て潜った。フライが消えた瞬間、僕は高々と竿を上げた。ビューとラインが風を切る音、水を切る音が聞こえる。上流へ、下流へとアマゴはすごいスピードで走った。

大きいの、中くらいの、小さいの

何度も切れると思った八Xは意外と強く、スキを見ては強引に寄せてなんとかネットに入った。胴体には手が回らない程のデップリ太ったアマゴ。尾びれの下がちょっと切れていて残念だったが、二八センチの斑点が消えかけたキレイな一尾だった。

これより大きいのがまだライズしている。ティペットを交換してフライも新品に変えた。一尾釣って安心したのか先程よりはリラックスしている。それが良かったのか分からないが、次の一尾はすぐに食ってくれた。ズシリとした重さがよく伝わってくる。さっきのよりデカイ。

慎重に慎重にテンションを掛けていく。何度かの走りを止め徐々に魚が近づいてくると、その全貌が見えてきた。思わず「デカイ。」と口にしてしまう。そろそろネットインだと思い、背中に付いているネットをはずした。

するといきなり魚が走り出した。そしてプール中央の大岩の下へ潜り込んだ。「ヤバイッ！」と思った時にはもう遅かった。フライのついていない軽い糸が手元に返ってきた。

ハッチは急に下火になり、ライズもなくなった。帰り際の民家の軒先では、こいのぼりが風になびいていた。上から順に大きいの、中くらいの、小さいのと並んでいる。普段なら二八センチのアマゴは立派な魚だった。しかし今日のポイントではよくて中くらいの一尾。

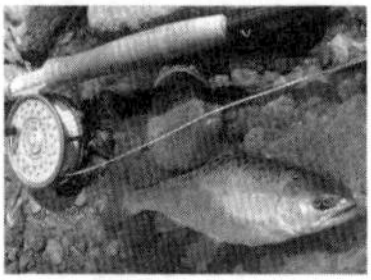
アマゴ

大きいのはするりと空へ逃げていった。

五月一〇日「もしもしエミです。」

鳥取県の大山から氷ノ山方面までを釣り歩いたが、あまりパッとしなかった。ロケーションはどこも素晴らしかったが、魚の顔はあまり見られず低調な釣りが続いていた。

ここのところ、エミが電話口でも分かるほどに、元気がなかった。

決して寂しいなどと口には出さなかったが、僕には気持ちが痛いほど伝わっていた。二人とも無理に明るい声を出そうとしていたが、空回りしていた。

そんな日が続き、釣りも良くなかった僕は、気分転換も兼ねて京都で観光でもしようと思った。そして今週中にも京都入りする予定を組んだ。夜、京都への道のりや見に行きたい所などを地図とガイドブックで調べていると、いつもの時間に電話が鳴った。

「もしもしエミです。明日、京都に行きます！」

僕はエミに、以前から京都に行くことは伝えてあった。エミは「京都楽しそうでいいなぁ。」くらいにしか言っていなかったので、まさか来るとは思わなかった。本当に驚いた。そして嬉しかった。

次の日、僕は鳥取を出て京都へ向かった。道中渋滞などで六時間もかかってしまい、京都駅での待ち合わせに一時間遅れた。僕が謝る前に、エミが「会いたかった。」と言った。

僕も謝る前に同じことを言った。

五月一一日　二度目の修学旅行

僕は山形の高校の修学旅行で一度京都に来ていた。

しかしその当時に観たものは何も覚えていない。無理のない話で、そもそもの興味対象が違いすぎた。その頃は音楽とファッション、それに酒とタバコと女の子に夢中だった。酒とタバコを抜かせば健全な高校生だと今でも思う。いいものを見て何かを感じて歴史を覚えろと先生に強制されても、記憶できるはずもない。

あれから一五年の年月が経った今、古いもの、歴史のあるものが僕の興味の対象になっていた。

「もう一度修学旅行していい？」

とエミに尋ねた。エミは
「いいよ。」

と言ってくれた。

強行スケジュールで観たいものは全て観た。金閣寺、清水寺、壬生寺、龍安寺、平等院、

伏見稲荷。夜には錦市場で買い物し、祇園を散歩して、鴨川の納涼床で酒を呑んだ。

五月の鴨川には少々冷たい風が吹いていて、僕は熱燗を頼んだ。グィッといったらすぐに体が熱くなり、調子が出てきた。

その日、川床の呑み屋をエミと三軒ハシゴした。

五月二一日　九頭竜川のサクラマス

京都から滋賀県に入り琵琶湖沿いを北上し、福井県は日本海側までやってきた。三泊四日をいっしょにいてくれたエミは東京へ帰っていった。

天気予報では台風接近と言っていたが、そう言われると何となく海も暗かった。次の日、予報通りに台風がやってきた。風は強くなかったが結局四日間も雨は降り続き、その間竿は出せなかった。

天気が悪いのは、しかし悪いことばかりではない。車の中でタイイングに励んだので、スカスカになっていたフライボックスの中身を、満タンにすることができた。新しいフライパターンも考えた。今日になりようやく空が晴れた。急いでポイントへ向かう。九頭竜川の河口から支流を見て回り、良さそうな川で竿を出そうと思っていた。予想に反してどこの支流もそんなに大水は出ていなかった。森が豊かなのだろう。

魚は本当に良く釣れてくれた。新しく考えて巻いたパラスピナーアントも反応が良く、イワナ、ヤマメ、アマゴと、型は二五センチ止まりだったが、満足のいく数が釣れた。僕の腕が悪いせいで逃がした魚の数も相当多く、それも入れたらすごい数だ。

支流で生まれて本流へ下り、そして海を一周し、九頭竜川には今年もいっぱいのサクラマスが遡上するのだろう。大雨でも増水しない森を抱え、清々しい水が流れる九頭竜川。懐の深さを感じた。

パラスピナーアント

五月二五日　熱きこころ、守る人

九頭竜ダムを越えて岐阜入りしてから、もう何日も過ぎていた。北西から北東部を中心にいくつもの川を見て回った。竿を出さなかったのは連日の雨による増水と、釣り人の多さ故だった。

岐阜の釣り人の多さは、予想をはるかに超えていた。増水により限られた釣り場へ人が集中する傾向にはあったと思う。それでも今まで僕が釣ってきた土地とは比べものにならないほど釣り人の多さを感じた。他の土地では釣り人と滅多に会わなかった。岐阜では道路を歩いている釣り人ともすれ違う。釣り関連のステッカーを貼った車もよく目にする。相当に釣りに熱い土地柄なのだと、ヒシヒシと肌に感じた。

僕はとても嬉しかった。釣りもできないでいるのに嬉しかった。熱い釣り人が多いということは、それだけ素晴らしいフィールドも多いということだと思う。事実、この何日間かで見て回った川は、増水さえしていなければどこも素晴らしく良さそうだった。それらを一本一本釣りをしたら、岐阜だけで多分一ヶ月も掛かったのではと思う。いつかまた時間ができたら、ゆっくりと釣り巡ってみたい。

多くの釣り人が集まれば、自然と釣り人どうしのコミュニケーションが生まれる。僕は釣り場ではいつも積極的に話しかける。そして釣りと同じくらいに、地元の釣り人とのコミュニケーションが楽しみだった。その土地の話、山や川の話、もちろん釣りの話も。時には釣りをするのも忘れ、長々と話し込んだこともあった。

岐阜ではたくさんの方々と色々な話をさせてもらった。そして改めて思った。地元の熱い釣り人が、その土地の釣り場を守るのだと。だから釣り人は多ければ多いほどいい。

五月二八日　うなぎも酒も

二日前、東京の釣りの先輩と一緒にまたエミが岐阜に来てくれた。岐阜に実家がある先輩が、二泊三日で釣りと観光をしようと僕とエミを誘ってくれたのだ。

初日の夕方、先輩のお父さんに地元の川魚料理屋へ連れていってもらった。古民家のような趣ある店構えが素晴らしく、味も最高だった。地元の山菜に豆腐やアマゴが出てきて、最後にうな重が登場した。東京の蒲焼と違い、蒸さないで炭焼きにするらしい。これがムチャクチャ旨かった。パリッパリッで香ばしく、うなぎ本来の味が楽しめて大満足だった。

おなかが満たされると先輩の実家へお邪魔して、お父さんと釣り談義に盛り上がった。嬉しいことにお父さんも釣り人だった。昔はフライフィッシングもやっていたそうで、当時の話や地元長良川の話、アユにアマゴにサツキマスの話。楽しいお話に酒はいつもより旨かった。

二日目は朝から釣りに出かけた。美しいアマゴが何本か釣れてくれて午前中にはもう満足していた。午後は岐阜城へ足を運んでみた。天下統一の舞台、岐阜城。信長はここからの眺めを見て、天下取りを決めたという。僕も同じ景色を見たかったのだがあいにくの空模様で霧が濃く、一〇メートル先も見えなかった。残念だったが仕方ない。

夜には長良川の鵜飼を見に行った。船には乗れなかったが河川敷から眺めてみた。本流の上流から下流へ鵜飼いの船がものすごいスピードで下っていく。想像以上の速さと迫力だった。最後には「総がらみ」というクライマックスが待っていた。全六船が横並びして一斉に川を下っていき、花火が打ち上がる。

エミが「うわぁー、キレイ。」と言った。まさに有終の美だった。今夜もお父さんと酒を呑み交わした。あの風景を肴にして何杯でもいけた。

二九歳になった

外には強い雨が降っていた。今日は東京からもう一人の釣りの先輩、小場さんがやって来て合流する予定だった。まさかこの雨では来ないと思った僕は、到着予定の時間を過ぎても眠っていた。突然エミに、

「小場さん来たよ。」

と起こされた。リビングに行ってみると本当に小場さんがいた。

「こんな雨でも来るなんて本当に釣り好きですね。」

「お前ほどじゃないよ。」

たしかにそうだなぁと一瞬思ったが、僕ならこんな強い雨の日に東京から岐阜までは行けない。そのことは口には出さなかった。

出発の準備をして、先輩のお父さんにお世話になったお礼を言った。「お父さん、なにからなにまで本当にありがとうございました。また来ます。今度は釣り一緒に行きましょうね。」と言って、僕は手を振る代わりにフライキャスティングのまねをした。

釣り場は増水で、あまり良くなかった。それでも気心の知れた先輩たちと久しぶりに釣りができて楽しかった。岐阜にはいい思い出ばかりが残った。

僕とエミは一路、岐阜から東京を目指して中央自動車道を走りだした。今日が誕生日の僕を、エミとエミのご家族が祝ってくれるのだ。愛してくれる人が隣にいて、理解してくれる家族が側にいる。こんな素敵な誕生日はない。その晩、僕の二九回目の誕生日は忘れられないものになった。

六月二日　期待の東北へ

三月始めに旅に出てから三ヶ月。僕の旅はもう折り返し地点に来ていた。

東京に戻ってきた僕は、僕を待ちかまえていてくれた友達や釣り仲間と、毎晩のように酒を呑んだ。

「えっ、まだ尺釣ってないの！」（尺とは三〇センチ以上の魚のこと。大物。）

「ハイ…。」

「日本縦断の折り返しまで来てるのに！」

「ハイ…。」

「毎日釣りしてたんじゃないの？」

「ハイ、ほぼ毎日。」

「九州や岐阜でも釣れなかったの？」

「ハイ、九州や中国地方、中部地方でも大きいやつには逃げられました。」

旅に出るとき部屋を引き払ってしまった僕だった。「寝るところがないなら家に来なよ。」と言ってくれる優しい釣り仲間も、そのことに関してはきびしく追求してきた。

「しょうがないですよ。初めての川で尺上の魚を釣るのは難しいですって。それに尺物が全てじゃないですよ。風景を楽しみましょうよ、風景を。」

内心では尺イワナ、尺ヤマメを釣りたくてたまらない僕の精一杯の開き直りと言いわけに、皆さんが笑ってくれた。旅の間で見てきたものや、感じたこと、失敗談などを話すと、宴は大いに盛り上がった。

釣り仲間のひとりが言った。

「大丈夫。おまえにはまだ東北が残っている。」

僕もそう思っていた。自分の腕の悪さを棚にあげて、東北ブランドへ期待していた。

「秋田のこの川は外せないでしょう。」

「岩手のこっちの川は？」

「青森の下北半島もいいよ。」

皆さんが僕に期待を込めて、東北の様々な有望ポイントを教えてくれた。

東京には五泊した。僕はいよいよ東北を目指して、ふたたび東京を出発した。

VI

生家へ。

山形、秋田、青森

出発から約三ヶ月。時間のたつのが早くて驚いてしまう。
ついこの前のちょっと辛かったこと、少し寂しかったこと、
すごく楽しかったことが、もう遠い旅の思い出になっている。
毎日が充実しているんだなと思う。
これから向かう東北でも、素晴らしい思い出を残せるだろうか。
僕は山形出身、東北は生まれ育った土地だ。
東京から秋田の釣り場へ直行する予定だったが、
ちょっと山形の実家へ顔を出してみた。

六月一三日　真柄家の人々

「おぅ慎一。帰ってきたんが。」

「お前はいづでも急に帰って来るなやぁ。」

実家へ帰ると、うちの祖父母は決まってこう言う。

「二、三日前に電話したべや。」

僕も決まってこの言葉につきあう。するとじいちゃんは、

「んだっけがぁ?」

ととぼけた顔して笑いながら言う。

「まぁ寒いべせぇ、コタツっこさでも入ったらいいべぇ。」

ばあちゃんは、そう言いながら僕にお茶を入れてくれる。

たまに帰る僕と祖父母の間では、いつもの会話だ。「ただいま」、「おかえり」なんて言わない。お互いに照れがあるみたいだ。僕はこんな風なやりとりで、実家へ帰ってきた安堵感を感じていた。

「ところでお前、今仕事は何やってんだ。」

お茶の一杯も飲み終わる頃、じいちゃんが唐突に聞いてきた。

これまた決まり文句みたいな質問で、定職に就かずアルバイトを転々としている僕が心配らしい。

こう聞かれると、いつも僕はじいちゃんたちに心配をかけまいと適当にごまかす。

でもこのときは一瞬思いとどまり、本当のことを言ってみた。

「今は仕事してねぇんだ。それで日本中を旅しながら釣りしったんだ。（しているんだ）」

ばあちゃんは「？」みたいな顔をして、キョトンとしていた。

じいちゃんがすかさず言った。

「お前は昔から釣り好きらったげど、とうとう漁師になったんが！」

オレには分かったぞ！　みたいに威勢よく言っていたが、声はでかくても大きく的を外していた。

「んだがら、そうじゃなくて…。」

僕は何度も説明したが、「何のために？　生活費は？」と同じことを繰り返し聞いてきて、また最初からの説明となる。分かっているような、分かってないような返事に僕が疲れてきたころ、じいちゃんがポツリと言った。

「まあよく分がらねげど、体だけ気をつけでな。」

続いてばあちゃんも二杯目のお茶をいれてくれながら、

「んだ。体だけ丈夫でな。」

と言った。

仕事や私生活も大事だが、体が健康ならばそれでいいと、結局最後にはこうなる。

いつも僕はありがたく思っている。

親父の本音

仕事を終えた両親が帰ってきて、親父が言う。

「元気が?」

「元気ら。」

「車の調子はどうら?」

「オレじゃ分がらねがら、ちょっと見でけろ。」

「分がった。」

僕の車は、もともと山形で親父が見つけてくれたものだ。庭先で車を点検してくれている親父の後ろ姿が、少し小さくなったように感じた。白髪もずいぶん増えたようだった。

「走行距離一〇万キロ行ったがら、ベルト交換らな。あどはタイヤが減ってるがら替えだほうがいいがもな。」

「明日、車屋に持って行ぐわ。」

「そうすろ。」

口数の少ない親父と僕の会話はいつもこんな感じだ。

茶の間に戻ると夕食ができていた。母ちゃんが、

「お前痩せだんね。」

と、食べきれないほどの料理を用意してくれた。

実家に帰ったとき、母ちゃんが作ってくれる食卓には僕の大好きな鳥の唐揚げに、地元名物の納豆汁が必ず食卓に並ぶ。これとこれが好きだから食べたいと母ちゃんには一度も言ったことがないのだが、実家に帰ると必ず出てくるのは不思議なものだと思う。

次の日には秋田へ出発しようと思っていたが、なかなか実家を出られないでいた。車の修理を待ち、大雨が過ぎるのを待ち、昨日抜けた銀歯の治療をしたり、地元の友達と朝まで飲んだりしていたら、そうなった。予定が大幅に狂ってしまったが、それで良かったと思えるほどに、家族とゆっくり話ができた。

じいちゃん、ばあちゃんとは墓参りに行ったりした。母ちゃんとは今後の僕の進路についてまじめな話をした。親父とは特に何も話さなかったが、酒を飲み交わした。たまにしか帰らない僕には貴重な時間だった。

いよいよ出発の時が決まった。

出発前の準備をしていると足りないものがあったので、街へ買い物にでかけた。するとたまたま出会った近所の人に言われた。

「慎一、お前まだ東京さいだってな。あっちもいいべげど山形もいいべやぁ。早ぐ戻ってこい。親父はお前さ何にも言わねべげっとん、心配らって言ってんだぞ。」

僕には何も言わない親父も、周りの方々にはそう言っていた。僕はちょっと感動してしまった。

六月二一日　新緑ヤマメ

先日までのシトシト雨が嘘のように晴れ渡り、アスファルトの路面、段々の田んぼ、雨滴垂らす草木が眩しかった。また遠くに見える山々も新緑が輝いていた。

山形、秋田、宮城、岩手と、四つの県にまたがる栗駒国定公園の名峰が、初夏の太陽に色濃く照らし出されていた。あまりにも気持ちがいい風景に思いっきり車の窓を開ける。雨上がりの匂いがした。山が近づくとムンムンとする緑の匂いに変わっていった。

いくつもの橋の上を通るたびに、川上から爽やかな風が車内を通り抜けていく。もう僕は我慢できなかった。本当はもっとずっと上流を目指していたが、そそくさと車を停めエンジンを切った。

秋田県は神室山方面の川。その中流域で、東北の釣り初日が始まった。

小さい堰堤上のプールで、いきなりライズが見られた。駆け足で川へ降りると勢いがよすぎて、魚と目が合ってしまった。もう手遅れだと分かっていても、一応身をかがめて水面をそっと見つめること少々。活性が高いのかすぐに浮いてきた。二〇センチ後半の丸々太ったヤマメだ。一気に緊張が走る。

大きなパラスピナーアントを結んで、身をかがめたままキャスト。ゆっくりと浮かび上がってきた魚はゆっくりと口を閉じた。スローモーションのような映像からハッと目が覚めて僕はラインを跳ね上げた。「ウソッ。一発で出たっ！」

声に出したかどうかは憶えていないが、本当に一発で出たので驚いた。しかし次の瞬間、またスローモーションのような映像に戻った。そしてフライは宙を舞っていた。ゆっくりヒラヒラと、力なくフライが水面に落ちていった。

このように一発目の魚をキャッチできなかった日は、そのショックを一日の釣りの間じゅう引きずることが多い。しかも大物を逃したとなると、立ち直るまでに相当の時間を要する。今日はもう、さっき以上の魚に出会えないのでは…。メンタルの弱い僕は、常にそう思ってしまう。

しかし、この日は違っていた。あらゆるプールや大場所でライズがあり、いい魚が反応してくれた。

尺あるのでは、という魚も見た。そしてついに、これが東北、さすが秋田だ、とでも言いたくなるような大物のヤマメが、僕の目の前に現れた。

主《ヌシ》を狙う

三〇メートルもの長いプール、右岸から木が覆い被さる水面を、その大ヤマメは悠々とクルージングしていた。プールの一番下流に陣取る僕の脇まで下って来て、余裕の表情でUターンすると上流へ向かう。しばらくするとまた僕の脇まで下って来て、上流へターンしていく。クルージングのタイミングが決まっている様子ではなかった。

泳いでいる水深の層が約一・五メートルとやや深いので、魚影を見つけてからニンフ（水生昆虫の幼虫を模したフライ）を投げて沈めるのでは遅い。ドライフライなら魚の真上に落とせるが、気づいてくれるだろうか？　大き目のアント（アリを模したフライ）を選択し、まずはドライで狙ってみる。いざ狙うとなると魚が姿を現すまでに、待ちくたびれるほど、待たされたような気がした。しかしそれは僕が力み過ぎて、時間の流れを遅く感じたのかもしれない。

ようやく大ヤマメがキャストできる範囲に姿を現してくれた。息をのむ思いでファーストキャスト。ポトン。いい感じに落ちた。フライが落ちたときの波紋の広がり方が最高だった。

フェザントテールニンフ

グリフィスナット

軽く無視された。やはり手強い。二投目、小さいサイズに落としたパラスピナーアントをキャスト。三投目、もっと小さいグリフィスナットをキャスト。未練たらしく最初に投げた大き目のアントに戻してもう一度キャストするが、結果は同じ。まったく見向きもしない。

食え、食え、食え…

いよいよ沈めるしかないか。魚が近くまで泳いで来ていそうな頃を見はからってフェザントテールニンフを落とした。だが、魚影を確認できていないのでそうそうタイミングなど合うはずもない。

「お前、まだそこにいるのか。」

と、その魚が下ってくるたびに言われているような気がした。

大ヤマメをこのプールで発見してからここまで、もう何時間も粘っていた。集中力も切れてきた頃、おっ、と思えるタイミングで魚が姿を現した。僕のニンフが沈んでいるだろうあたりを、ゆっくりと近づいてくる。食え、食え、食え…。頭の中で呪文のように繰り返す。しかし魚は無情な顔をして通り過ぎていった。いったいどうすればこの大ヤマメを釣れるのか。

僕はホトホト疲れ果て、休憩して次の手を考えようと、フライラインを手繰り寄せた。するとその時、大物は大きく反応した。ピックアップ（回収）しようとしたフライにスーッと寄ってきたのだ！　僕は何が何だか分からず、思わず手繰り寄せるラインから手を離して、フライの動きを止めてしまった。するとその大物はサァーッとUターンし、また上流へ向かっていったのだった。

僕は冷静になってからやっと気づいた。

魚は沈んでいるフライの前を通り過ぎてしまったと思っていたが、実はフライはずっと下流まで流れていた。そしてピックアップしようとしたフライが、ちょうどタイミングよく魚の目の前をイマージング（水面へ泳ぎ上がること）する格好になったので、大ヤマメは反射的に追ってきたのだった。

お前、まだそこにいるのか

もうその大物を狙う気持ちはなくなっていた。

大ヤマメを狙って何時間も粘っている間、二〇メートルほど上流でずっとライズしている魚がいた。大物のクルージングを待っている間も、ちょくちょく気にはなっていた。ここの主を釣ってからな、それまではライズしていてくれよ、なんて思っていたが主は釣れない。

しかしまだそのライズはあった。

主にはまともなアプローチもできなかった。残るはお前だけだ。

一投目、届かなかった。二投目、ロングキャストが決まった。大きな水しぶきを上げて魚は食ってくれた。そんなに大きくはないだろうと高を括っていたが、近づいてくるといいサイズだった。ギラッギラッと魚の肌に反射する光がキレイで、疲れた目に優しかった。

背中からネットを外して水面に浸し、いよいよ取り込もうかとなったとき、その魚の後ろに黒い影を感じた。一回りも二回りも大きな影は間違いない、あの主だった。僕の釣った魚の後を追ってきたのだった。ネットに入れたヤマメのサイズをいそいで測ると二七センチもあった。そうすると主は三二、三三センチもあるのか!?

「お前、まだそこにいるのか。」

先ほどは言われたような気がしただけだったが、今回は主がハッキリと僕に向かって言って来た。

「今回は時間がないから先を急ぐが、今度会った時はお前を釣るまではここにいてやる。」

プールの奥に向かって去っていく主へ、思いきり負け惜しみを言ってやった。それがそのときの僕にできた唯一の手段だった。

六月二二日　タケシ登場

コンッ、コンッ。

朝早くに車の窓をノックする音が聞こえた。時計に目をやると、六時前を指している。いつも時間を守るやつだと感心する。山形の中学の時の同級生、釣り友だちのタケシが秋田までやって来た。

「いつまで寝でんなんや、早ぐ準備すろ。」

「こんげぇ早ぐ行がねくても魚は逃げねえって。」

昔からこうである。タケシと釣りの約束をすると、家まで迎えに来て僕を起こしてくれるのだ。悪いなと思いつつも甘えてしまう。

「今度は、俺が向かいに行って起ごすがら。」

二人で釣りに行くたび言っているのだが、一度も実行できたことはない。

「無理。無理。」

タケシは毎回笑いながら言う。僕はバツが悪くて、いい川をリサーチしておいたと、すぐに切り出した。

「タケシ、鳥海山の方は行ったごどあるが?」

「秋田側はねぇな。」

「いい川あるらしいがら、行ってみるが。」

「んだがい。んじゃ行ってみっぺ。」

タケシとは昔から一番よく釣りをしてきた仲だ。気心の知れた同士はリズムがいい。即、川を決め、すぐに車で走り出した。

最初の川ではタケシが何尾もいいイワナを釣った。僕はたったの二尾。しかも尺ありそうな一尾をバラした。ハリがかりはしたのだが枝に糸が絡んで切れた。タケシは、

「そんな細い糸じゃ切れるべ。」

と言って、枝が張り出す同じポイントに大きなルアーを投げて一尾引きずり出した。

「タケシ、さすがらねぇ。」

「たまたまらぁ。」

そんな会話を繰り返しながら意気揚々と上流を目指し、反応が悪くなったところで川を移動した。

鳥海山を麓からどんどん上がる。まだ山の上にはどっさりと雪が残っていた。あの雪が残っている間は、まだまだイワナは元気だなと思った。そして実際、魚をかけてみるとどれもとても元気だった。

ブナ林の中を豊富な水が隆々と流れていて、透明よりキレイな色をしているように思える水の中に、いくつものイワナが見えた。僕もタケシもかけるたびに「このサイズなのにすごぐ引ぐね。」と何度も言い合いながら、たくさん数を釣った。鳥海山の自然の恩恵を二人して充分に楽しんだ。

うどん食わせろっちゃ

「もう満足したべ。」

どちらともなく言い出し、山を降りて朝の集合場所へ戻って来た。タケシは自分の車からどっさりと手土産を取り出し、僕へ渡した。

「うちのかみさんがらと、オレがら少しな。」

両手でもズシリとくるほどの、食料と飲料をもらった。

食料に稲庭うどんのカップ麺が入っているのがチラリと目に入った。僕はタケシに会う前に電話で、

「秋田に入ってからまだ稲庭うどん食ってねんだ。」と言っていた。

タケシはそれを憶えていて、さっき入った近くの食料品店で買っておいてくれたのだった。

「今からうどん屋に行ったら間に合わねぇがら、カップ麺で我慢してけろ。」

僕は嬉しかったが照れ隠しで、

「本物のうどん食わせろっちゃ。」

と言った。タケシは

「今度な。んじゃ旅、気をつけろよ。」

と言って帰っていった。

僕はその夜のディナーに、タケシからもらった稲庭うどんをいただいた。

あっさりとしたスープが美味しく、麺を食べた後にご飯を入れてみたらまた格別だった。口を開けた日本酒も、辛口でなかなかうまかった。

旅の途中の僕には、日本酒はぜい沢品だ。本当はタケシと飲もうと思って、以前にもらったものを、今日まで寝かせてあったのだ。いっしょに飲もうと誘ったが、タケシは、

「明日、仕事朝早いがら、今日は帰るわ。」

とのことだった。

「オレらって明日の釣り場ちょっと遠いがら、朝早いんだぞ。」

「お前は釣りらべ。オレは仕事らぞ。」

タケシには奥さんがいて子供もいる。そして仕事がある。昔のようにはいかないのだ。

僕はちょっとだけ申しわけない気持ちになった。車の中で一人で、日本酒をチビチビとやった。

我が家にテレビがやって来た

そのころ、四年に一度のサッカーワールドカップが開催されていた。僕は小学生の時はサッカースポー

ツ少年団で、中学・高校はサッカー部、卒業してからも草サッカーチームに所属している。旅の途中でも、ワールドカップのテレビ中継をどうしても観たかった。

しかし新品のテレビを買うお金はない。そこで山形に帰った際友人知人に、車に乗せられるようなテレビを安く譲ってくれるか、貸してくれないかと頼んでみた。すると近所の二学年上の先輩で、その昔タバコの吸い方やバイクの乗り方を教えてくれた深田君から、うれしい返事をいただいた。

「家にアンテナ壊れたテレビならあっぞ。それでいいならけってやる。（くれてやる）」

型は古くアンテナも壊れていたがSONY製だ。アンテナさえ替えればまだまだ映りそうである。

秋田の市内に寄って、家電量販店でアンテナを買った。チューニングを合わせると、スピーカーのノイズ音が人の声へと変わっていった。映像も白黒だがハッキリと見てとれる。アンテナの位置を少し動かすと、カラー映像とクリアな音声が流れた。僕はうれしくて思わず拍手した。中古の軽自動車の我が家にも、三種の神器の一つ、テレビがようやくやって来た。

今から四〇年以上も前に東京オリンピックが開催されたとき、各家々にもテレビが普及していき、家族で集まっては日本選手団を応援していたという。僕が生まれるよりもっと前のことだが、こんな風にうれしかったのかなぁなんて思いながら、サッカー日本代表を応援した。試合の結果はともかく、ピッチに倒れ込む日の丸の勇士の姿を見ていると、僕のこれからの旅にも勇気と希望がわいてきた。

七月二日　クマに遭う

外は今日も雨。朝起きてテレビをつけると、東北は本格的に梅雨のシーズンを迎えました、というニュースを耳にした。僕にとっては悲しいお知らせだ。秋田入りしてから一〇日間余り、その内五日間は雨に降られて、ほとんど釣りをしていない。晴れた日には何とか竿を出せる川を探そうと見回ったが、どこも大増水で川に近づくことさえできないでいた。

そうして釣りもせず川を見ながら移動していたら、ついに秋田の県北まで来てしまった。道中、角館で武家屋敷に寄り、田沢湖周辺では温泉に入り、阿仁ではマタギ資料館を見た。そして比内ではなんと、名産の比内地鶏を食べた。釣り以外全てが充実していて良かったのだが、ここはお魚天国、秋田なのだ。観光していても何かモンモンとしたものが心の中に残っていた。

朝一番の梅雨入り宣言に僕の心は折れそうだったが、前に進むしかない。雨はさらに強くなるばかりだが、行くしかないのだ。大館から日本海方面を目指し、北の山から流れ出しているいくつかの川を見て行こうと、ワイパー全開で出発した。

予想通りに、どこも増水していた。雨は強くなったり弱くなったりするがいっこうに止む気配はない。今日はもうあきらめようと、最後の川を見終わって山を降りることにした。今日見て回った川を思い出しながら山村まで降りてくると、フッと雨が弱まった。川のもう一本くらい見に行けるかなと、欲が沸いてきた。

眼下へ真っ直ぐに伸びる道で、強めにアクセルを踏み込んだ。山村を抜け、また山間を縫う道へと入った。四〇メートルくらい先だろうか。左側の林の草木が揺れているのに気がついた。こんな雨降りの日に山菜採りだろうか？ 僕はアクセルを緩めた。

すると突然、黒い物体が林の中から道路へ飛び出してきた。僕との距離は二五メートルほど、すぐ目の前だ。先日、マタギ資料館で見た剥製と同じくらい、一・五メートルは優にありそうな丸々と太った大物のツキノワグマだった。

僕は急ブレーキを踏んだ。するとクマは気づいてこちらに顔を向けた。道路を横切ろうとしていたのか、センターラインまで進んでいたクマは、ゆっくりUターンして、姿を現したもとの林の中へ消えていった。

僕は生まれて初めて野生のクマを見た。車の中からの目撃だったので、その場ではそれほど恐怖心はなかった。しかし次の目的地の川へ向かっている間、車のハンドルを握りながら色々と考えてしまった。あんなに大きいやつに…。川の中で会ってしまったら…。頭からかじられたら…。釣りをしようと気合いを注入していた僕だった。その後のことは言うまでもないが、一応言っておこう。

僕は街へと逃げ帰った。

七月三日　白神山地の神様へ

米代川を下り、日本海まで出た。

そこから北上すると白神山地が見えてきた。

まだ山々の麓なのに、ブナ林がうっそうと茂っているのが分かる。期待は高まる。

僕は白神山地の神さまに祈った。

「頼みます。魚はいくらでもいいけど、クマだけはご勘弁を。」

Ⅶ 僕の遠野物語

秋田、青森、岩手

車のメーターパネルで、急に赤いランプが点灯した。

「なんだ、この温泉マークみたいのは？」

僕はすぐに車を停めた。後方を走っていたツヨシが車から降りて、かけよって来た。

「真柄、さっき、車の腹擦ったべ。」

「落石、避けきれなくて擦ってしまった。」

「そん時、なんか車の下からパーツ落ちたぞ。」

「えっ、それでこの温泉マークみたいなやつが光ってるのか。」

「真柄、それマフラーが高熱になってるランプだ。」

七月四日　大惨事発生

ツヨシは中学と高校の同級生で、昔は悪くて楽しいことをよくやった仲だ。今は北海道に住んでいるが、たまに東北のヤマメを釣りたくて足を運んでいるみたい。北海道ではイトウ、ニジマス、シロザケと大物をよく釣っているが、ヤマメを思い出すとフェリーに乗ってしまうと言う。

今回はツヨシと秋田の川で久しぶりに一緒に釣りをすることになった。それなのに、僕の車がいきなりのトラブルに見舞われた（岩に擦った僕が悪いのだが）。だいぶ山奥まできて、いいポイントもちらほら見えてきたのに最悪である。マフラーが冷めるまで待ったがランプは消えない。

「真柄、これ以上、上流で車が動かなくなったらマズイがら、いったん町まで下りっぺ。それにまだ旅は長いがら車屋で全部見てもらうべや。」

僕だけ下りるからツヨシは釣りしてくれと言ったが、ツヨシも付き合ってくれて、いっしょに町へ下りて行った。車屋さんを探し、すぐに見てもらった。

「触媒のコードが錆び落ちていますね。落石に当てたみたいですが、もともと錆びて弱くなっていたんですね。」

「これを直すと、ちなみにおいくらですか？　それと時間はどれくらいかかりますか？」

「時間も値段も相当かかりますよ。もし時間がないようでしたら、あと二ヶ月で車検ですからその時でもいいんじゃないですか。ただコードが抜けているだけで、走るのには問題ないですから。」

ほかに悪い所はないか見てもらおうと思ったが、僕はとにかく早くツヨシと釣りがしたかった。

「ツヨシ、車は大丈夫みたいだ。早く川さ行くべっ。」

このとき、僕は車を修理しないですんだ嬉しさと、ツヨシを待たせてしまったという焦りで、冷静さを完全に失っていた。少し時間がかかっても、もっとよく車屋さんに見てもらえば良かったのに。

大惨事が起きたのはこの後だった。また同じ川へ行くのはしゃくなので、さらに北上した。山に入るとまたもや悪路になった。そこへきて小雨だったのがどんどん本降りになってきた。水たまりによくハンドルがとられる。ヒィヒィ言いながらなんとかクリアしていたが、突然ハンドルが重くなった。

また水たまりかよ、なんて思っていたが様子が違う。今走ったところには水たまりがなかったはずだ。それからすぐに車が横すべりするような感覚があり、さらにハンドルが重くなった。車から降りてタイヤを見るとしぼんでいた。すごい重量のサブバッテリーを置いてある助手席側のタイヤは、みるみるうちにペチャンコになっていく。僕はあっけにとられてただ眺めていた。

ツヨシがまたすぐにかけよってきてくれた。

「大丈夫ら。スペアタイヤがあっぺ。ジャッキアップするぞ。」

と言ってサッとセットしてくれた。

「ツヨシ、悪いね。」

「気にすんなぁ。」

僕のバツの悪さを感じてくれたのか、ツヨシは楽しそうな素振りでパンクしたタイヤを外してくれた。そしてすぐにスペアタイヤを取り出そうとしたが、こんなことさえうまくいかない。車にロックしてあるボルトがまたもや錆びていていっこうに回らなかった。

二人で交替しながら力を込めても、ちっとも動かない。もう僕は開き直った。ボルトが折れてもいい、レンチを思いっきり足で蹴ってやる。ツヨシは「本当にいいのか。」と聞いてきたが、僕は「思いっきりやってくれ。」と言った。これも二人で交互に蹴り合うと、何度目かに気持ちいい音がしてポキッ、といった。

スペアもパンク

雨はさらに強くなってきた。そそくさとスペアタイアをはめてジャッキを外した。ちょっとした安堵感がその場に流れたが、じつは薄々気になっていたことがあった。スペアタイヤの空気が少し抜けている気がしていたのだ。後でツヨシに聞くと、口には出さなかったがやはりそう思っていたようだ。

僕もツヨシも、スペアタイヤまでパンクしていて欲しくないという期待感、いや希望で、タイヤ交換中にはそれに気付かないふりをしていた。今、目の前ではスペアタイヤがしぼんでいっている。この絶望的な光景を前に、大雨の中、二人して大笑いした。笑うしかなかった。

パンクしたタイヤを一本だけツヨシの車に積んで、また町まで下りた。先ほど行った車屋さんには恥ずかしくて行けず、違う車屋さんを探した。ほどなく一軒の車屋さんを見つけた。おじいさんが一人でやっている小さな車屋さんだった。先客が何人か待っていて忙しそうだ。「どうした?」おじいさんが聞いてきた。事情を話すと他の車の整備中だというのに、飛び込みですぐに直してくれた。

「この直したタイヤはめたら、すぐに車持ってこい。お客待たしてあるがすぐに直してあげるよ。」

「それは悪いですから。戻ってはきますけどパンク代のお会計はして下さい。」

「お金は戻ってきた時でいいから、早く車持ってこいなぁ。」

おじいさんの優しさに甘えて、すぐに僕の車を持ってきた。スペアタイヤのパンクも直してくれて、スペアタイヤをロックする折れたボルトも取り付けてくれた。修理代もビックリするほど安くしてくれ、旅、気をつけてなと、声までかけてくれた。悪いことばかりじゃないなぁと思った。

森が最高だから

その夜、僕とツヨシは青森県の日本海側にある黄金崎の不老不死温泉に入った。日本海に沈む夕陽を見ながら、背後にそびえる白神山地の川について語りあった。釣りはほとんどできなかったが、白神のロケーションの素晴らしさを大いに語った。

「今度、二人で来た時はあの流れを釣ろう。」

「あの流れの、あのプールは俺に釣らせて。」

「んじゃ、その先のプールは俺な。」

「しかし水がキレイだったし、流れも太かったね。」

「やっぱ森が最高だもんね。」

「ということは、魚も最高だったかな?」

「次に来た時に分かるね。」

七月七日　もうひとつの天の川

いく日かかけて、大きく移動した。深浦町から日本海側を北上し鰺ケ沢町まで来ると、今度は一気に南下し、西目屋村から美山湖を越え、弘前市内を横断した。

いい流れを見つけてはちょくちょく竿を出したが、腕が悪く釣果はいまひとつという感じだった。しかし気落ちするようなことは何もなかった。なぜなら環境が素晴らしかった。ブナ林の中、清くて力強い水が流れ、宙をたまに美しくフライラインが舞う。これもたまたまいいポイントに落ちたフライが、一瞬のうちに消える。この一尾で充分。なぜかそんな気持ちになっていた。

国道三九四号を十和田方面に進んだ。左側には八甲田山があり右側には猿倉岳、乗鞍岳、赤倉岳がある。山々の間を抜けるドライブは最高だった。鬱蒼としげる森の中、優しい木漏れ日がずっと奥の方まで続いている。一番いい時期なのか、緑がとても生き生きしていて、空気も新鮮そのものだ。顔にあたる風もちょっとつめたくて気持ちいい。僕がここまでの旅のあいだに走った道でこの道が間違いなく一番だ。

途中、いい川が何本かあったが、見るだけにしたのはもう満足だったから。奥入瀬渓流まで来たころには、釣りをする気は全くなくなっていた。川沿いの遊歩道を何時間も歩いた。気に入った流れの前でただ、ぼうーっと、眺めていた。竿も持たないで川沿いを歩くのは初めてだったが、こんな楽しみもあるもんだなぁと思った。

今日は七月七日だ。天の川もこんなにきれいなのかなぁと、柄にもなく思った。

七月一二日　会心の釣りがつづく

いよいよ、北東北も最後の県、岩手へやって来た。

秋田の鹿角から安代へと県境を越えたのが数日前。内陸から北上山地を東へ抜け、太平洋側まで来るのにけっこうな時間がかかってしまった。時間がかかったということは、いい流れがあって、いい釣りができたということ。各地、入る所入る所で、久しぶりに会心の釣りができた。そしてどこも自然環境が良かった。

ブナ林の中を美しい水が隆々と蛇行している。林から川への細い道を下りるといきなり川が開けている。蛇行する流れを木々が被うことなく、広がったままずっと上流まで続いている。ロングキャストするのに後ろのスペースが気にならないのはすごく楽だ。

浅くもなく深くもないちょうどいい水深の瀬ばかりで、ポイントも無数。僕の理想のフライフィッシング・リバーが一帯にいくつもあった。魚の型も二五センチ前後と良く、数も多かった。魚が釣れすぎて乾いたドライフライがなくなるという状況も嬉しい誤算だった。

そしてついに

僕はここ岩手県北部の釣りでの好調さに、そろそろ尺物がでるのではと思っていた。そして今日、入った一本目の川の最初のポイントで見てしまった。対岸の岩盤に沿ってジッと動かない大物を。遠目では太い木が浮いているかと思ったが、そっと近づくとそれは尺超えのイワナだった。ライズするわけでもなく、ジッと岩に寄り沿って浮いていた。

フライのハリ先をチェックする。魚までの距離分のフライラインを出す。サイトフィッシング（魚の姿を見ながら釣ること）でのいつもの行動だが、何度やってもソワソワ、ドキドキして手元がおぼつかないし、足元もフワフワしてしまう。

一投目、魚よりずいぶん下流にフライが落ちた。しかし魚は気付いた様子で体がグラッと動いた。魚はフライを追うのを急に止めて定位置に戻っていった。その反動で水面に大きな波紋が広がった。次のキャストでは尾ビレの近くにフライが落ちた。またゆっくりと反転した魚はゆっくりフライを食わえた。力強い躍動がロッドをグィグィしぼる。底に潜る魚をゆっくりと水面へ上げてくる。

最初のネットインのチャンスを逃さず入れた。ネットの中で暴れる力がすごく強い。メジャーをあてるとジャスト尺。この旅で初めて、僕にとって生まれて初めての尺物だった。

その後は岩手県北部からジグザグに南下した。内陸から太平洋、太平洋から内陸と、北上山地を何度も越えた。早池峰山方面の川ではもう一尾尺イワナが釣れた。白っぽい岩が多い川で、体も白っぽい東北美人のイワナだった。早池峰の山を下りると、爽やかな風からムンッとする草木の香りがする風へと変わった。もう夏かぁ。里川ではいい釣りの時期は過ぎてしまっただろうか。

イブニングライズ（夕方に魚の動きが活発になること）ならなんとかなるかもしれないと、遠野へ向かった。

七月一六日　どんとはれ

「昔あったずもな。」

語り部のおばあちゃんの、優しい語り口で遠野の昔話が始まった。いくつもの昔話の中から観衆のリクエストに答え、ひとつ目の話、ふたつ目の話、サービスでみっつ目の話と、語ってくださった。この話はそういうことだったのかと納得するところあり、発見するところあり、もちろん泣くところ、笑うところあり。

ほぼ全て遠野地方の方言で語られたが、なるほどと思うところでは観衆の皆がうんうんとうなづき、笑うところでは皆がクスクスとなる。ほとんどの方々が岩手の方ではないのに、言葉が伝わっているのにはビックリした。山形生まれの僕でも分からない方言がある。それでも伝わっているのは、昔話の内容の分かりやすさ、そしておばあちゃんの語りのうまさがあるのだと思う。

「どんとはれ。」

語りが締められると、観衆から大きな拍手がおこった。

僕は『昔話語り部館』へやって来ていた。隣接の『とおの昔話村』へ観光に来て、遠野物語、柳田國男や三島由紀夫の貴重な資料を見終わり、さてどうしよう、と思っていた時、ちょうど語り部の昔話が始まると知った。たったの一〇〇円で実におもしろい話が聞けた。

　会場を出てフラフラしていたら、『遠野物語研究所』と書かれた建物があった。中には所狭しと遠野物語に関する資料があった。机で先生が一人調べものをしている様子だった。ひと通り見て回ると先生が声をかけてきてくれた。

「なにか捜し物ですか？」

「いえいえ、僕には難しい本が多くて眺めているだけです。遠野物語も読みましたが分からない所が多くて。」

「そうですか。まぁ立ち話もなんですから、そこのソファーに座ってください。」

　僕と先生は中央にあるソファーに、向かい合って座った。

「遠野物語はどの辺りが難しかったですか？」

　ずっと前に読んだ本だったので、あやしい記憶をたよりに質問した。先生は全ての質問に分かりやすく、ていねいに答えてくれた。また押しつけることなく、「と私は思うんですが」。最後には必ずこういってくれる。先生は遠野の土地や歴史にも詳しく、山や川のことを色々教えてくれた。

　僕は最後の質問で聞いてみた。

「遠野物語に魚の話はありましたか？」

「遠野の人たちは鮭に乗って川を遡り、ここまで来たという話がありますよ。」

「その話、ロマンありますねぇ。」

僕はドキドキしながらその話を聞き、夢を膨らませた。

「遠野物語ってやはり楽しいですね。」

「楽しいですよ。」

先生はそう言うと、遠野物語を分かりやすく書いた冊子などを色々と持たせてくれた。僕は深々と頭を下げてお礼をいった。先生はそれでは旅、気をつけてと、最後の最後まで優しい言葉をかけてくれた。

カッパとビールとモンカゲロウ

僕は遠野をもっと知りたくなり、色々な場所を見て回ることにした。まずは日本十大民家のひとつ「南部曲り家千葉家」へ向った。

遠くから見てもアレだなと分かるほど、小高い丘の上にL字型の大きな建物が構えていた。裏の小山に茅葺き屋根が溶け込む風景は、なんとも美しい。それにしても大きい。丘の上に建っているから大きく見えるのかと思っていたが、家の前までくると本当に大きいなと感じた。

母屋と馬小屋が直角に連結した建物と蔵、作業小屋、大工小屋と、広い敷地に立派な建物がいくつ

もある。一九世紀初頭、村の子供や老人なども人夫として作業し、一〇年間もかけて作られたと、冊子に書いてある。すごい建物が残っているものだと感心した。もう一度、遠くから眺めてみた。遠野物語には、南部曲り家が自然の風景に溶け込んで、小さな山や丘に見えたとある。「うまいことというもんだなぁ。」と、またまた感銘を受けた。

すぐ近くの「続石」を見に行った。細い山道を一〇分も登ると突然、大きな岩がいくつも積まれている場所へ出た。僕の車よりも大きな岩が重なりあって、アーチ型になっている風景は、とても不思議だった。一体どうやったらそうなるのか想像もつかないが、伝説によると武蔵坊弁慶が持ち上げて、作ったらしい。少し納得した。

常堅寺の裏を流れる小川の「カッパ淵」へも行った。とても暑い日だったがそこだけはひんやりとした風と雰囲気が流れていた。怪しい草木が水面まで垂れ、水草が水中でゆらゆら揺れている。ずっと眺めていると本当にカッパが現れそうで、少しドキドキしてしまった。

帰り道、すぐ近くの畑で、見たことのない緑色の実が目に入った。作業中のおじさんにこれは何の実か尋ねてみた。もう収穫間近の、ビールのホップだと教えてくれた。そしておじさんは聞いてきた。

「ビール好きか?」

「酒はどれも好きです。」

「そうか、このホップはキリンの缶ビールで発売されるから呑んでみてな。」

僕はビックリした。目の前にあるホップがキリンの缶ビールになるなんて。今後の楽しみが増えた。

おじさんは別れ際に、ここまで何しに来たのか、と聞いてきた。

「もちろんカッパを見に来たんですよ。」

「それで見れたか?」

「残念、現れなかった。」

「それは残念だったな。」

「今度はこのホップで作ったビール片手に一日中カッパが現れるのを待ってみます。」

「ハッハッハッ、また来いな。」

「それじゃ。」

ホップ畑を抜けると夕陽がキレイだった。
イブニングライズの時間に里川へ向かうと、モンカゲロウ（大型のカゲロウの一種）がハッチしていた。夕陽に照らされる水面からハラハラと羽化する姿は、とても感動的だった。フライフィッシングをやっていて良かったと思える瞬間だ。
遠野の風景と共に、この日の釣りも一生忘れないだろう。

七月二十七日　下北半島から北海道へ

岩手県をずいぶんと南下した。釣りたい川もひと通りやった。

ここから東北自動車道に入り一気に北上し、下北半島へ向かった。八戸自動車道から第二みちのく道路で、終点の三沢までやってきた。そこから太平洋沿いを真っすぐ北へ走り、六カ所村、東通村から、西のむつ市へ方向を変える。そして陸奥湾を左に見て佐井村まで来た。海峡の先には津軽半島がかすんで見えた。仏ケ浦をすぎると佐井村から山を横断し大畑に着いた。

ここまでかなり長い道のりだった。風呂もしばらく入っていなかった。川沿いの無料露天風呂「かっぱの湯」で、疲れをいやした。僕は湯につかりながら、明日のことを考えていた。いよいよ僕の人生で初めて、北海道へ上陸する。大間からフェリーに乗って函館に向かう。ワイルドなニジマス、アメマス、カラフトマス、シロザケは、僕のフライに飛びついてくれるだろうか?

「んっ！　そういえば。」

思い出したというか、ハッとした。僕は東北での毎日の釣りに夢中になってしまい、ここまで北海道用のフライを一本も巻いていなかった。温泉でのリラックスタイムが一瞬で暗転した。

Ⅷ あこがれの北の大地

北海道

どんなに憧れただろうか。この土地に。

「とにかくニジマスのファイトが凄い。」

「ヒレの丸い魚なんか一匹もいないぞ。」

「カラフトマスやシロザケが釣れる。運が良ければイトウも釣れる。」

「なんと言っても本州にはない、最高のロケーションだ。」

「食いものも抜群にうまい。」

「ヒグマに気をつけろ。」

釣りの先輩方や仲間たちから、たくさんの話を聞かされていた。

初めての北海道。大間から函館までのフェリーの間、
僕の頭の中はパチッ、パチッと音を立て、
ドクン、ドクンと心臓が鳴っていた。

八月二日　センターラインの上に

函館に着くと、すぐに宅急便の営業所へ向かった。予定通りに『LOOP TO LOOP』の横田さんから営業所どめでウェーダー（釣り用の長靴）が届いていた。東北での連日の激しい釣りにより、僕のウェーダーは穴だらけになってしまっていた。北海道ではウェーダーを新調しよう、と横田さんに頼んで北海道まで送ってもらっていたのだ。

お礼の電話をして北海道に着いたことを伝えると、横田さんは北海道が初めての僕へ、改めてアドバイスをくれた。そして最後に、「とにかく楽しい釣りをしてくださいね。それと体にも気をつけて。」

背中をポンッ、と押してもらった。

まずは渡島半島を噴火湾沿いに北上した。国道五号線をひたすら走り、今金、長万部、黒松内と良さそうな川へいくつか入った。ロケーションと水の流れは申し分なかったが、魚はどれも一〇センチくらいのヤマメばかり。しかも、いつまでも釣れ続けるのである。

ポイントの選択が悪いのか？　釣り方が悪いのか？　ヘタッピな僕は自分の腕を疑って釣り方を色々と変えてみたが、結果は同じの一〇センチヤマメ。少々飽きてきてポイントを変えようとバシャバシャ川を歩いていると、浅いプールから五、六〇センチもの大きな魚影が、ババババッと走った。

「ニジマスかっ！」

急いで足を止め腰を落とすと、その魚たちはまた元の位置まで戻ってきた。魚はカラフトマスだった。丸々と太った体と大きな口に圧倒された。

初めて見るカラフトマスに僕は感動し、その場から動けなくなってしまった。そのまま、ずっと見ていた。これが本当の川と魚なのだと、いまさらながらに思った。川に小さいヤマメばかりがいっぱいいるのも自然なことだった。本来ヤマメは海へ下りたがるのだ。僕は北海道のうらやましい限りの自然をいきなり体感した。ワクワクが止まらなくなってきた。

この日最後の一本と決めた川に着き、橋の上から川を見ていた。最初は上流側を眺め、次に下流を眺めるために橋を横切ろうとした時、足下にふと目に入る物があった。真っ白のセンターラインの上に、直径二〇センチくらいの黒い物体が落ちている。何だと思い近づいてみると、明らかにヒグマの糞である。これも北海道の自然なのだ。僕はビビッてしまった。

八月四日　ブラウンも大きい

ニセコまでやって来て尻別川を釣った。各支流の合流点に目をつけ、でっかいウェットフライを重いラインで力強い流れに投げ込んだ。

ドゥ、ドゥッ。

いきなりアタリがあった。尻別川での第一投目で来たのにはビックリしたが、魚を見てまたビックリした。尺を少し超えるウグイだったのだ。北海道のウグイは大きくてなかなかの引きをすると感心した。

その後、蘭越、昆布、倶知安、京極、喜茂別と羊蹄山をぐるっと回りながら、尻別川の本支流に竿を出した。小さいニジマスには遊んでもらったが、大きいやつには出会えなかった。それでも、蝦夷富士と呼ばれる羊蹄山を眺めながらの釣りは気分が良かった。

国道二七六号をそのまま走り、支笏湖へ寄ってみた。この時期の支笏湖での釣りは厳しいのは分かっていたが、竿をセットしてウェーディング（水へ入って釣ること）してみた。予想通りに水は温かく魚の気配も全くない。三〇分ほどで切り上げて千歳川へ行ってみる。うっそうと茂る林の中に、突如として力強い流れが現れた。美しい水が蛇行し水草が気持ち良く揺れていた。「これはいい川だ。」

一気に気持ちが昂ぶった。ドロッパー（枝バリ）にブラックマドラーを結び、リードフライ（先端のハリ）にイエローダン・ミセス・フィリップスをセットして、釣り下ってみることにした。足をそっと入れると、水の押しが強くてすくわれそうになる。そして足を置いた位置の砂がどんどん掘られていく。

イエローダン・ミセス・フィリップス

ブラックマドラー

いきなり胸までのディープ・ウェーディングになってしまった。水草を踏まないように歩こうとすると川底はすべて砂地なので、足場が定まらない。三〇メートル先で流れが直角に折れている。上からブッシュが垂れている最高のポイントだが、これ以上前へ進めない。ラインをどんどん伸ばしていき、バッキングライン（リールの下巻き糸）まで出していった。

リールのクリック音がものすごく軽くなった。そろそろポイントまで着いたかなと思った頃、木の葉が引っかかったような感触があり、それと同時にラインが横に動いた。よしっ。こんなに強い流れで遠くまで出したラインを、いきなり横に持って行くなんて大物に違いないと思い、慎重に寄せる。ラインを半分も回収したあたりでその魚はジャンプした。

「うそっ。小さいよ。」

たしかに元気は良かったが、二五センチにも満たない小さなニジマスだった。このサイズでこんなにファイトするとは驚いた。四〇、五〇、六〇センチなんてのがもし掛かったら、僕の腕では三Xでも切られるかもと思った。あわてて、車に置いてある一Xと二Xのティペットを取りに戻った。

次のポイントは、先ほどと似たようなストレートの流れが直角に曲がるその角だ。太いティペットに結びかえて、さぁ投げようとした時、上流の方で「ザババッ！」と音がして、思わずドキッとした。

あまりにも大きな音に鳥だろうと思ったが、姿は見当たらない。しばらくたってもまだ波紋は広がっていた。なんの変哲もないただのストレートな流れの真ん中、水深はあるが大きな石もない砂地で、周りにもブッシュもない。魚がそんな場所につくはずがないし、あんな水音を出せるはずがないと思い込んでいた。

また大きな水音がたった。今度は水しぶきが上がった所までそっと近づいてみた。

ドクン、ドクン、ドクン。

自分の心臓の音がやけに大きくて、静かな川辺に響いているように感じた。

突然、ザァバァッ！　と水面がはじけ、黄金の魚体が現れた。

「うぉっ、でっけぇブラウン（ブラウントラウト）だ！」

本当に魚だったのだ。四〇センチ後半から五〇センチを超えるような大物だった。このサイズのブラウントラウトがライズしている姿など見たことがなかった。胸のドクン、ドクン、ドクンがもっと大きくなった。ライズした場所の上も下もアシが茂り、ドン深になっていてウェーディングができず、ポジションがとれるのは真横だけ。魚は多分深い水底にいて、エサをとる時だけ猛スピードで水面まで上がってくるようだ。

かなり上流にドライフライを投げてロングドリフトしてみたが、さっぱり反応しない。反応しないどころかフライが通過した直後にライズする始末。フライをタングステン・ビーズヘッドのプリンスニ

プリンスニンフ

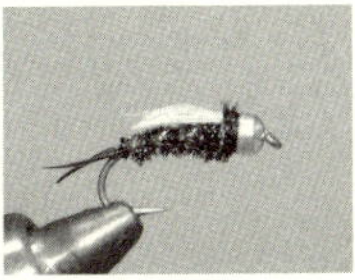

スパロー

ンフにして魚の目の前に流しこんだが、こちらにも反応しない。ウェットフライに替えてスイングさせてみても同じ。もっと沈めてみようとタングステン・アイ付きのスパローを流しても同じ。またドライフライに戻しても同じ。しつこくやっている内にとうとう日が暮れてきた。イブニングでのまぐれ当たりを期待したが、その頃にはパタリとライズが止んでしまった。心底くやしかった。

北海道＝大物がそこそこいて、目の前に流せば食ってくれる。事前のこんな期待と予想は、ガタガタと崩れ落ちていった。その日の夜は、車の中で一生懸命にタイイングした。ラインシステムも見直した。ポイントの狙い方も変えようと頭の中であれこれイメージした。

僕の今までのフライフィッシングをもう一度見直し、常識や固定観念をなくして視野を広げなければいけない。リラックスした優雅な釣りも好きだが、メラメラと胸が燃えるような釣りも好きだ。

八月六日　なんの肉かわかるか

秋田で一緒に釣りをした北海道在住のツヨシと、こちらも山形で中学高校と同級生だったシバマサことシバサキマサミと合流した。二人とももう長いあいだ北海道で暮らし、ポイントも熟知したバリバリの釣り人である。まだいい魚を釣っていない僕はこの土地での釣り方を根掘り葉掘り聞き出そうと、二人の自宅がある恵庭市へ行って、夜の街へ繰り出した。

彼らの行きつけの呑み屋に着くと、すでに席に鍋の用意がされていた。東京から来た日本縦断貧乏旅をしている僕に、今夜は特別なものを食べさせたいと言ってくれた。シバマサは「うまいぜぇ、北海道でも滅多に食べられない。」と言った。

最初の一杯を飲み終わるころ、釣りの話がしたくてウズウズしていた僕は、こんなシチュエーション、こんな魚、こんな釣り方で全然ダメだったんだと、二人にバーッとまくしたてるように話した。「北海道での釣りはこんなはずじゃないと思った。」と最後につけ加えた。

ツヨシは「うん、うん。」とうなずき、シバマサは「まぁ、まぁ。」と言った。

そこにちょうどメインディッシュがテーブルに運ばれて来た。

「なんの肉か、真柄わかる?」

二人が聞いてきた。

「シャブシャブ用の肉だと思うが。豚肉じゃないの?」

「これはラムのシャブシャブだ。」

ひと切れすくい、サッと鍋にくぐらせた。口に入れるとなんとも柔らかくサッパリしている。ラム独特のニオイもなく、いくらでもいける。まいった。ツヨシがラム肉を食べながら、「まぁ今日は食って呑んで、明日は釣り行くべ。」と言った。

あれこれと聞くより、おれたちの釣りを見てみろ。そんなメッセージに聞こえた。

「朝一番からが。」

と僕は聞いた。

二人は

「もちろん。」

と言った。すでにいっぱい食っていっぱい呑んでいた僕は、朝早く起きられる自信がなかった。

八月七日　ファースト・キャストで決めないと

次の日はやはり僕の寝坊のために、昼からの釣りとなった。

すでに釣り場には釣り人らしき車が何台も停まっていた。ツヨシが「厳しそうだがやってみるべ。」と言い、シバマサといっしょに川へ降りていった。僕はその後をついていった。フライは竿のフックキーパーにつけたままだ。二人の釣りを見ることで北海道での釣りのヒントが欲しかった。

二人ともルアー釣りだが、異常に遡行が速い。僕は良さそうなポイントでは何投もしてしまうが、二人は三投もするとすぐに移動する。ファースト・キャストを特に大事にしていたのが印象的だった。

僕のファースト・キャストは、なんとなくのフライがついていて、なんとなくのドリフトから始まり、魚の反応を見ながらどんどん手を変えていく。これでは駄目かもなと思った。第一投目こそが最大のチャンスだと改めて感じた。

また、速いペースで釣りをする二人でも、深い淵では長い時間粘っていた。一番深いところにいるはずの大物に対しては手を変え品を変え、とことんやるのである。僕は深いポイントには苦手意識を持っていた。水中のイメージが今ひとつピンとこないというか、フライがどこを流れているか分からないのである。ライズがあったり魚が見えたりしない限り、深い淵ではサッサッと流して諦めていた。

「大物は一番深いところにいることが多いな。」

ツヨシもシバマサも同じことを言った。それまでは水面か、水面下へ少し沈めたくらいの、二次元の釣りばかりやっていた僕だった。

八月一〇日　北の国ソング

「あ〜あぁ〜、あああああ、あぁ〜あ。」

『北の国から』の主題歌を口ずさみながら、富良野のラベンダー畑、かなやま湖、空知川へとやってきた。

川へ降りても歌が頭から離れず、鼻歌まじりでウェットフライをスイングさせた。

「ん～んん～、んんんん、ん～ん！」

すぐにアタリがきた。

重い流れを上流へ一気に走った。なかなかのサイズだ。二Xティペットの力を信じ、短時間勝負にでて、グイグイ寄せた。四〇センチちょっとの丸々と太ったニジマスだ。ネットを水に浸して準備が整った時、フッと、ラインが軽くなった。フライが自分めがけて飛んできた。強引に寄せすぎたのだ。悔しい。

この日はその後、サイズこそ三〇センチ前後だがニジマスとアメマスがよく釣れてくれた。早い瀬にダウンストリーム・キャスト（下流へ向けて投げること）でフライを入れ、遅い流れへとラインが弾かれるときにググッ、とアタリがあった。ひさしぶりに満足のいく釣りができた。

『北の国から』で純と蛍は、汽車の中から空知川を眺め、目を輝かせていた。僕の目も、空知川を前にして輝いていたにちがいない。

八月一二日　馬を見てエミを思い出す

富良野から占冠村、日高町、新冠と南下した。

どんどんと北海道らしい景色になっていくのが楽しかった。とにかく広い緑の地平線が、左から右へとずっと続いている。そのど真ん中へまっすぐな道があって、丘から丘へと越えて行くのだが、遠くに見える山々はいっこうに近づいてこない。このままずっと近づけないのではないだろうかと疑ってしまうほどだった。

車の中で僕はいつもジャズを聴いていた。旅の間は常にコルトレーンやマイルスが響いていた。しかしこの時はなぜかフォークを聴きたくなってニール・ヤングをかけると、気持ちのいいドライブとなった。緑の香りに包まれ、車内をサッと風が通り抜ける。フォークギターの音が優しく耳へと届く。最高に幸せだった。

ある丘を越えた時、動く何かがふと目に入った。大きいものと小さいものが草を食べながら寄り添っていた。僕は初めて見た。その馬はサラブレッドの親子だった。遠くから見てもその美しさに目を見張った。陽の光を浴びて、神々しくキラキラと輝いていた。歩くたびに筋肉が隆々と動き、風が吹くとたてがみがサラサラとなびいた。こんなに美しい動物がいるなんてと驚いた。

僕は彼女のエミのことを思い出していた。彼女の黒髪も太陽を浴びるとキレイな輝きを見せていた。そよ風が吹くとサラサラと揺れていい香りがした。

その日の夜は珍しく僕の方から彼女へ電話した。サラブレッドの美しさに感激して、エミを思い出していたなんて恥ずかしくて言えなかった。

「どうしたの。慎一から電話してくるなんて。」

僕は適当なことを言った。

「いやっ、そろそろ道東に入るから、電波の届かないところとか多くなりそうだし、釣りに夢中になってなかなか話せなくなるかなぁ、と思って。」

その電話は夜中まで続いた。長電話が苦手な僕はいつもすぐに切りたがったが、この日は僕の方がなかなか切らなかった。

八月一四日　日高山脈を越えて

太平洋沿いに襟裳岬を目指して国道三三六号を進んだ。道中、気になる川へ寄ってみたがカラフトマスが見えたり、人が多かったりで、ほとんど竿は出さなかった。

そういえば今は世間ではお盆休みの大型連休だった。そしてお盆も過ぎれば大挙してカラフトマスが川に上がってくる。北海道では特定の河川を除いてカラフトマスとシロザケの川での釣りは禁止されているので、ニジマス狙いの僕はカラフトマスが上がってくる前にニジマスとのケリをつけたい。そう思うとモタモタしていられない。

どんどん川を移動するが、どこも同じ状況だった。そうこうしているうちに、もう襟裳岬に近づい

たようだった。ようだった、と思ったのは日高山脈がなだらかに下っているのが分かったからだ。僕には日高の高い山々が峰続きで岬を目指しているように思えた。

岬近くの村では日高昆布の収穫がピークだった。砂利の敷かれた日当たりの良さそうな広い場所に、三、四メートルもの長い昆布がいくつも並んでいる。肉厚の昆布は旨そうで、いいダシがとれそうだった。襟裳岬の売店で日高昆布を買ってみた。かぶりつくと一気に海の香りが口へ広がった。岬からの絶景も、昆布の味も素晴らしかった。

黄金道路とも呼ばれる国道三三六号を、北へと向かった。黄金を敷き詰めるほどにお金のかかった難工事だったことから、そう呼ばれているらしい。険しい山と険しい海の間を美しい道が続く。この道が道東につながっているのがなにより嬉しかった。

楽園に向かってまっすぐ進んだ。

ニジマス（レインボートラウト）

IX

いいこともわるいことも

北海道

日付が変わる少し前の夜中。帯広市街地の一本道を車で飛ばしていた。
わけあってものすごく急いでいた。
目の前の信号がパッと黄色になる。ブレーキは踏めなかったかわりに、
さらにアクセルを踏んだ。
交差点に入ったタイミングはギリギリ赤だった。安全確認のため
左右に目をやると上下で白黒のツートンカラーの車が見えた。
バックミラーで後ろを見つめる。
ドクンドクン、追ってくるのか、こないのか。
ドクンドクン、来るなら早く来てくれ。
来ないなら頼む、来ないでくれ。

八月一七日　お前、パトカーに乗れ

ウゥ〜、ウゥ。

ひっそりとした市街地にものすごいサイレン音が響いた。それと同時にバックミラーに赤いランプが反射した。

「前の車、山形ナンバーの○△□☆、路肩に停まりなさい。」

僕はそのまま従い、車を停めた。

警察官が車から降りて近づいてくる短い間に、色々な言いわけを考えた。まっすぐな一本道でひとつ先の信号だと思ったとか、もう時間が深夜なので黄色の点滅で〝注意して渡れ〟だと思った、など。

これではダメだなと一度は諦めて素直に謝ろうと思ったが、コンコンと窓を叩かれて

「ドア開けて。」

警察官に言われるとウインドウを手でゆっくり回し、

「なにかしたぁ?」

と強い口調で言ってしまった。作戦は強気に〝まだ黄色信号だった〟に変更した。

「なにかしたじゃねぇよ。こっちは二人で見たんだぞ、完全に赤信号だったじゃないか。」

「はぁ。まだ黄色だったたって。時間が時間だしパトカーの中で寝ぼけてたんじゃねぇの。」

「なんだと、お前。まず車から降りてパトカーに乗れ。」

「なんにもしてねぇのに乗れないいな。」

「いいから一度、車から降りろ。」

そう言って警察官はドアを開ける引き手に手をかけた。僕は事前にロックしていたので大笑いしてやった。警察官は顔を赤くして今にも怒鳴りそうだったが、ひと呼吸おいて世間話を始めた。

今年の北海道は何十年ぶりかの猛暑で大変だの、雨も全然降らなくて農作物が心配だの。こちらは聞いてもいないのにひとりで話しだした。

「ところで山形から北海道へなにしに来たの。」

僕は適当なウソでも言おうかと思ったが、後々面倒なことになりそうだったので本当のことを言った。

「釣りしに来た。」

「わざわざ山形から。」

「いや、東京から出発して日本中をまわって最後に北海道に来た。」

「これはたまげたな。どうだ北海道が一番いいだろう。」

「たしかに。」

そんなこんなで北海道の自然の話や道南でクマの糞を見た話、十勝周辺の川の話などで、けっこう打ち解けてしまった。

これが警察官の作戦だったのかは分からないが、僕はいつの間にかパトカーに乗っていた。そしてパトカーの中でもう一人の警察官を加え、北海道の話で盛り上がった。最後には素直に違反キップを切られ謝った。僕の作戦負けでもあったが、交通ルールを守らなかったことをこの時には反省していた。そして最初になんであんなに違反していないと食い下がったのか言った。

「じつは今回の違反の減点で免停になってしまうんだ。だからこの旅も続けられなくなってしまうと思ったんだ。」（旅に出発した時点で一回目の免停までラスト二点だった。）

一瞬、パトカーの中に同情の空気が流れた。そして警察官は口を開いた。

「大丈夫。手紙が届いて、それから何日間か猶予があるから。」

「そうですか。」

「免許センターに電話してみろ。もしかして北海道で講習受けられるかもしれないから。」

「そうですね。」

少しの希望が見えてホッとした僕は、急いで車を走らせていたわけを思い出した。思い出したというか腹が痛くなってきた。じつは大の方をもよおしてトイレに行きたくて飛ばしていたのだ。

本日の寝床に決めた公園にはトイレがあった。もちろん小も大もある。しかし夜になるとトイレだけ閉鎖になっていたのだ。夜中に少し腹が痛くて起きてトイレに行ったら、開かないのである。そこで僕は近くのコンビニへ猛スピードで向かったのであった。

パトカーを降り自分の車へ飛び乗ると、しょうこりもなくまた猛スピードでトイレへ向かった。

八月二七日　十勝が好きだ

十勝周辺をウロウロして二週間近くがたっていた。釣り歩いて二週間ではなくウロウロして二週間には理由があった。この旅で僕が釣りをできない唯一の理由は雨である。

ちょっとの雨なら最高の釣りのタイミングだと思うが、十勝にいる間の九日間ずっと雨が降ってくれた。本流はまったく近づけないほどの大大大濁流。支流もどこも増水、たまに良さそうな流れを見つけ釣り始めると、そこには人がいっぱいいたりする。

ここまではまぁ仕方ないし、みんなで仲良く釣りをすればいいと思うが、お盆休みということもあって、色々な考え方の釣り人や、地元ではない方たちもひとつの釣り場へ集中してしまうと、もうマナーがメチャクチャだった。僕が釣り上がっていく横を、何も言わずにヒョイッと追い越していく。釣り下ると、今度はササッと横を抜けて釣り下っていくのだ。

僕は地元じゃないし、ここでは普通なのかと思って黙っていたが、この日、最後の最後に信じられないことがあり、とうとう声が出た。「今、ここでイブニングライズを待ってるんだけど。」

オシャレなフライフィッシングウェアを着込んだ若いカップルは、「えっ、なに?」みたいな顔をして、僕が狙っているプールのわずか一〇メートル上流の瀬を、そのまま対岸から渡ってきた。

「だから、ここのプールでライズを狙っているんだって。すぐ上の瀬をバシャバシャ渡ったら魚が逃げるでしょうが。」

「そうですか。すいません。」

男の方が言った。女性の方は何も言わず上流へと歩いていった。

イブニングライズはもちろん起こらなかった。ヤケクソでヘビーなラインにヘビーなフライで底へ送り込んだら、二〇センチオーバーのカジカが釣れた。マナーの悪さに驚き、魚に驚いた。

連日、雨に降られたのもツイてなかった。お盆休みと十勝釣行が重なったのもツイてなかった。これは自分のせいだが、違反キップを切られたのもツイてなかった。免許停止までの猶予が一ヶ月ほどあることが分かり、旅は継続できそうなのだけが唯一の救いだ。

それでも僕は十勝が好きだ。他の場所にはない抜群の景色に、おおいに魅了された。夕日に映える日高山脈のシルエットは雄大だった。その夕日を浴びてスコーンと広がる十勝平野の緑はずっと先までやさしく輝いていた。そして平野を大きく蛇行する川の流れは何よりも力強かった。そこに立っているだけで至上の幸せを感じた。

もう一度訪れたい。次は二週間なんて贅沢は言わない。一週間でいい、いや三日間でもいい。必ず素晴らしくて奇跡的な釣りができるような気がする。

八月二八日　変哲もない川で

十勝から阿寒方面へ北上した。

途中、めぼしい川に立ち寄ったがまだどこも増水気味で竿は出せないでいた。足寄町をウロウロしていると、あまりパッとしないが釣りができそうな小さい川を見つけた。川幅は二、三メートルくらいしかない。ふだんは水も少ない川なのか、どこも増水しているというのにここだけは平水だった。いつもなら素通りしていそうな川だったが、このところ、ろくに竿も継いでいなかったのでむしょうに釣りがしたかった。

この際、流れのよしあしはどうでもよかった。深いところでも一、二メートルくらいしかない。あとはなんの変哲もない瀬だけ。もしそこに魚がいたら背中が見えるくらいの浅さだ。プールだけにポイントをしぼり、ビーズヘッドのプリンスニンフを底へ沈める。

そんなに釣り上がらないうちに、ポンポンッと三〇センチ、三五センチのニジマスが二本出た。予想だにしない展開になんでもないはずの川が一気に素晴らしい川へと変わった。川の規模を見て三番ロッドを持ち出していたが、少々不安になってきた。

一度車へ戻ろうかなと思っている時、本日一番良さそうなプールが現れた。このポイントをやったら、六番の竿をとりに車へ戻ることにした。後にこの判断が僕を五〇メートルダッシュ×二本させることになる。

あまりにも強烈な印象だったので何投目かは覚えていないが、二投目か三投目だったと思う。タングステンビーズヘッドのプリンスニンフが底に沈みながら、エグレの方へぐうっとラインを引いていった。いい感じでエグレに入っていったなと思ったとき、グッグー、と押さえ込むようなアタリがあった。底石かも知れないと半信半疑で聞きアワセをしてみた。

「ドンッ」と手に伝わってきた次の瞬間、ジィー！　とリールがすごい音を立てた。

うわっ、うわあ！

あまりにも突然の出来事で僕はかなり動揺していた。なぜかリールの回転を止めようとした。ハンドルが見えないくらい高速回転していていたリールで危うくケガをするところだった。そして次はロッドをできるだけ空高く上げようとした。しかし意識ではロッドは上空を向いているはずが、実際は全然上がっていなかったし、上がらなかった。

バッキングラインが二〇メートルくらい出ていて、はるか遠くの水面にラインの先が刺さっていた。すごく不思議な光景を目の前にして、僕は走り出した。ラインの先を目指して、リールを巻きながら思いっきり走った。

「うわっ、うわあ！」

声にならない声を出しながら、生まれて初めて河原をダッシュで走った。

ようやく追いつき、ジリジリと間合いをつめた。ハアッ、ハアッ、ハアッ。息切れした自分の呼吸がよく聞こえる。他の音はなにも聞こえない。またもやリールの逆転音がその静寂を破った。このリール本当はこんな音がしたんだなんて、二度目の走りではすこし余裕が出ていた。

一〇メートル下流のあそこのプールで止まるだろうと思っていた僕だったがまた五〇メートル近くダッシュすることになった。強い六番ロッドに持ち替えなかったことを走りながら後悔した。もうヘトヘトになっていたが、魚をネットに入れた瞬間にすべてが報われた。

地元の人には並サイズかもしれないが、僕にとってはビッグなレインボートラウト四五センチで、魚体は完全だった。本州で釣っていたレインボーとは、ファイト、ボディがまるで別格。虹色の艶が美しすぎて見とれてしまう。リリース（魚を殺さずに川へ戻すこと）するとき、こんなに別れが惜しいと思ったのは初めてだった。水底に消えていった魚をずっと見ていた。見えなくなってからもずっと目で追った。足が痛いことに気づき、ハッと目が覚めた。ネットの水を切りケースにしまい、フックキーパーにフライをかけると歩き出した。足は痛いが体中からふつふつと達成感、満足感がわきあがった。こんな幸せはないなと思った。

八月二九日　アイヌコタン、彫り込んだ時間

「この魚、ウロコ一枚一枚も彫ってあるんですね。」

「おっ。兄ちゃん、魚のこと知ってるね。」

「ええ。釣りが好きなんです。」

阿寒湖のアイヌコタンに立寄り、お土産屋さんを物色中、木彫りの置物専門店へ長居してしまった。

「木彫りの魚たちは迫力がありますね。」

「そうだろう。釣り好きには分かるだろう。オレも釣り好きだからな。そろそろ河口にもアキアジ（北海道ではシロザケをそう呼ぶ）がのぼってくるから、楽しみだ。」

「どのあたりに行くんですか。」

色々なポイントを教えてもらい、釣りの話に花が咲いた。今年の阿寒湖はあまり良くなかったとか、阿寒川のキャッチ・アンド・リリース区間（釣っても放すことが定められている区間）は人がいっぱいだとか、何十年ぶりかの猛暑でアキアジがのぼってくるのが遅れそうだとか。

あまりいい話がなかったが、僕は今回が初めての北海道で、充分すぎる魚と素晴らしい大自然を体感していることを伝えると、

「それは良かったなあ。うれしいね。」

満面の笑顔で主人は答えてくれた。僕は記念に木彫りの魚を一体購入しようと思い、値段を聞いてみた。予想以上の値段で「えっ。」という顔を一瞬してしまった。あたりまえに手間がかかり厳選された木材を使っているのだ。よく考えればそのくらいはするのだ。

主人が僕の「えっ。」という顔を見て一気に値段を下げてくれたのだが、まだ買える値段ではなかった。その場の雰囲気だとまだ値は下がりそうだったが、僕は生意気にも、これ以上値を下げるべきではない、みたいなことを言った。貧乏旅行を続ける僕のために安くしてあげようとする主人に対して、とても失礼なことを言ってしまった。値を下げることで作り手の情熱の価値も下がってしまうように思えるのが、僕は嫌だった。

その場に気まずい空気が流れたが、主人の優しい言葉で一気に晴れた。

「よし分かった。来年か再来年、もっと先になるかもしれないがまた阿寒に来たときに寄ってくれ。

そのときはこれから行く釧路、知床、猿払のお土産話を聞かせてくれ。話がおもしろかったら安い値段で買ってもらうぞ。」

「いやいや、定価で買いますよ。」

「いやだめだ。」

「いやいや。」

マドラーミノー

ダンケルド

主人は本当に優しかった。そしてアイヌの伝統を引き継ぐ本物の職人だった。僕の釣り話に価値をつけて、その分値引きするというのだ。他人には分からない、分かる者どうしで価値を決める。本当の価値を知った時だった。

阿寒湖は主人の話通りに水がぬるかった。竿を出せなかったが、またいつか来る理由にもなったと悪い気もしなかった。阿寒川のキャッチ・アンド・リリース区間はやはり人が多かった。竿を持たずに川辺を歩いただけだが、それでも気持ちがよかった。

この一帯はもとはある財閥の方の私有地だったらしく自然の姿がそのままなので、ロケーションは北海道でも群を抜いている。魚の数も多そうで、ちらちらと大型の魚影が目に入った。こんな川でフライフィッシングができるなんて夢のようだと思った。僕はもっと北海道が好きになっていった。

キャッチ・アンド・リリース区間を通り過ぎてずっと下流まで来ると人影は全く見られなくなっていた。ちょうどイブニングライズの時間となり、いそいそと道具を手にして河原へ降りていく。マドラーミノー、ダンケルド、シルバードクター、シルバーマーチブラウンなど、色々なウエットフライをローテーションし、終了間際に小さいイワナを一尾釣ることができた。大物は釣れなかったが阿寒の釣りも最高だった。

シルバードクター

シルバーマーチブラウン

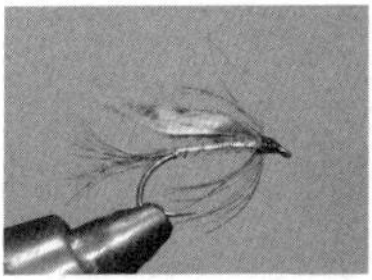

九月一日　大湿原と釧路川

阿寒川からまりも国道こと国道二四〇号線を南下し釧路市までやってきた。釧路湿原を見たくて阿寒からすぐ近くの屈斜路湖を後回しに、わざわざ市内へ降りてきたのだ。

まるまる二日間かけて、たくさんある展望台から色々な角度で釧路湿原を眺めた。どこから見てもやはり湿原は広かった。どこからどこまでが湿原なのかの境がわからないほど、緑が遠くまでつづいていた。その中を釧路川がゆるやかに曲がりながら静かに流れていた。湿原のど真ん中を流れる釧路川へはカヌーなどで行くしかアプローチ方法がない。

人類未踏の地とはよくいったものだ。そしてここはこの先も人類未踏の地であってほしいものだと思った。魚たちや動物たち、そこに生きる生き物すべてにとって、人間や人工物によるプレッシャーを気にせずに生きられる場所を残してほしいと思った。

湿原の面積が年々減少しているらしく、それは地球規模の自然環境の変化であったり、開発のせいであったり。この美しい緑のじゅうたんがなくなりつつあるのなら、便利さなんていらないよと思った。

屈斜路湖で混浴せず

釧路から屈斜路湖まで一気に北上した。水温はまだ下がらず釣りは無理だと思ったのだが、自分で行って確かめないと気がすまないたちなのだ。ウエーダー越しにも水のぬるさが分かる。手を入れるとほんのりなまあたたかい。カメムシを模したフライをジッと浮かべたがやはり反応がない。

早々に諦めて近くの無料露天風呂温泉へ向かった。湖畔に石囲いがされてあるだけの質素なフロだった。しかし湖面の本当に目の前にあるのでライズがあればすぐ見つけられる、僕にとっては一級の露天風呂だった。

他に誰もいない貸し切り風呂で優雅な気分を味わっていたが、遠くからはしゃいだ声が近づいてきて、そんな時間も終わった。

「ここが無料露天風呂なんだってぇ。」

「えぇ～すご～い。湖一望じゃん。」

「あっ誰か入ってるよ。」

「どうするぅ。」

「いいよ。入っちゃおうよ。」

若い女性二人の声である。僕はとっさに背を向けて黙って入っていたが、

「どうも～、おじゃまします～す。」

と二人は風呂に入ってきた。近ごろの若い女性は大胆である。

逆に僕の方が恥ずかしくなって、そそくさと風呂から出た。その後、ライズがあったのかどうかは彼女たちに聞いてみないと分からない。

屈斜路湖のライズは気になるが、先へ進もう。湖から流れ出す釧路川を、上流から下流へゆっくりと釣り下って行こうと思う。

アメマス

X

風立ちぬ、サケが来る

北海道

「スッゲ〜、デッカッ！」

と言った僕の口はそのままふさがらなかった。

こんなのがいるのか。間違ってオレの竿にかかったらどうしよう。

そんな妄想をしながら大物の写真を見ているだけでも楽しめるのだが、そればかりではない。

「なに、この魚？　なに、この釣り方と道具は？」

九月二日　街中の川で

釧路川のとある支流。正直、何も魅力を感じなかった。両面護岸の街中の川で、ところどころにテトラが沈んでいる。川幅は三メートルあるかないか、水深は一番深くて一・五メートルほどだろうか。いつもだったら竿を出そうとも思わない。釧路川本流で全くアタリがなく、ヤケクソで寄ったこの支流でヤケクソのセミフライを投げた。モワッ。フライのすぐ下で水面が大きく揺れた。

セミフライ

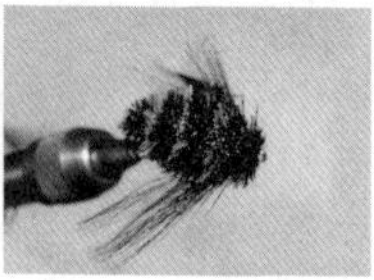

ウーリーバッガー

　なんでもない流れが、一瞬で素晴らしい流れへと変わった。緩い瀬の護岸際を大きなセミフライがゆっくりと流れた。フライが落ちた時の波紋が最後に消えかけた頃。フライの下で水面がモワッ、と揺れた。大きな背中がノソ〜、と現れた。独特の虫喰い模様がハッキリと見てとれた。「大きい。アメマスだ。」

　もう一度、同じポイントに投げたが今度は反応がなかった。フライを黒のウーリーバッガーに変えて流し込んでみる。流芯から護岸際の緩い流れにフライが入ると、グゥッときた。ゴンゴンゴン。竿先が水面へ潜る。川底をゆっくり移動する魚へ、用心しながら少しずつプレッシャーをかける。何度かヒラ打つ姿を見てからようやくネットへ導いた。三五センチちょっとの太ったアメマスだ。

　ハリを外した瞬間、ネットから跳ね出し一目散に深みへと消えていった。北海道へ来て以来、大きなイワナとも小さなアメマスとも分からない二五センチ前後の魚はいっぱい釣ってきたが、これぞアメマスと言えるサイズがやっと釣れた。嬉しさよりもホッと一安心で胸をなでおろした。

大きい、大きい、大きい

すぐ下流にプールがある。僕がセミフライで釣り上がってきたポイントだ。もしやウーリーバッガーならと思いキャストしてみた。水底に見える二メートルくらいの黒い影にフライが入った時、フッとその一部が動いた。エッ、と思った時には反射的に竿を跳ね上げていた。グリップ(竿の握る部分)のすぐ上から竿が曲がっている。焦りとビビりから「大きい、大きい、大きい。」と情けない声で連呼していた。ネットインの時、あまりの頭の大きさにまた「大きい。」と言ってしまった。ネットがずっしりと重い。

四五センチ、デップリと太った黄金の魚。虫喰い模様がハッキリとした背中は薄いグリーンで、腹の方まで目で追うと金色へと変化する鮮やかなグラデーションが美しい。次の魚も同じようなサイズで素晴らしいアメマス。次の魚も同じように素晴らしくて光り輝くアメマス。最後には五〇センチジャストの、ファイトも面構えも魚体も最高な一尾をネットに入れることができた。

最初、二メートル四方の黒い影は、大きい岩か水草なんかだと思っていた。しかしそれは大きなアメマスの群れだった。何十尾もいた。群れのなかにフライを通すとユラッと影が動いたり、白くて大きな口が見えたりして、その度に竿が曲がった。

サイトフィッシングで四〇、五〇センチのアメマスがトントン釣れる。こんなフライフィッシングがあるのかと、釣っても釣ってもただ驚くばかりだった。そのうちプレッシャーを感じ始めた黒い影は、フライの通る筋だけ底の白い砂地をあらわにするようになった。フライパターンや釣り方を変えれば釣れそうだったが、僕は充分に満足していた。

フライをフライボックスにしまいラインをリールに巻いた。もう一度、プールに目をやると当たり前にまだ黒い影が見える。今日の出来事は本当だったんだ。こんなにも小さい川でもいっぱい魚がいるのだ。釧路川本流にはもっともっと魚がいるのだろうか。屈斜路湖にはとんでもない大物がいるのだろうか。北海道全体ではさらにすごいのか。北の大地の豊かさに僕はくらくらした。

九月三日　トドワラで思う

根室半島と知床半島の間に、釣りバリのような形をした野付半島がある。特別な魚がいるわけではなく、素晴らしい風景が見られるとの情報があったわけでもないのだが、なんとなく地図上で気になった。気になったのだから行くしかない。標津町から野付半島の付け根へ入った。

まず驚いたのは道だった。ただただ広い海のど真ん中に、真っ直ぐな道が一本あるだけなのだ。半島というより海道だ。すぐ左には根室海峡が広がり、その先にうっすらと大きな島の国後島が見えている。そしてすぐ右には野付湾があり、湾内には緑の湿地帯が点在している。ワンドの中はもちろん海水なのだが、緑の植物が細々と草葉を伸ばしているのは不思議な光景だった。さらにそこにはすごい数の群れを作り大きな野鳥たちが羽を休めている。道を進んで行くと朽ち果てた番屋がポツリとあったり、玄関ドアも窓ガラスも無い家がポツリとあったりで、ますます異様な風景になっていった。

まるで何かの「果て」に向かっている様な感覚だった。僕の気持ちは高まっていた。怖いもの見たさなのか、「果て」の先を見たかった。

国後島がだいぶ近くまで見えてきた頃、車止めに着いた。ここからは遊歩道だけが伸びている。車から降りると早足で歩道を歩き出した。原っぱの道をただひたすら歩いて二〇分。砂利道は木道へと変わり湿原の中へと入っていく。木道は海水で劣化し、妙にしなるところがあったり結構な角度で傾いていたりで、歩くのが困難な箇所もあった。しかし困難がこの先への期待を高めてくれた。

想像をはるかに越えた風景を前に、僕はただ立ち尽くしていた。そこは「トドワラ」と呼ばれる地だった。はるか昔はトドマツの森だったらしいのだが、幾年も経て海水などの風化により、今の姿になったようだった。ここが森だったなどとは想像もつかないほど淋しい風景だ。

朽ち果てたトドマツがポツンポツンと伸びている。いや、伸びているというより海面や湿地帯に刺さっているように見えてしまう。木々の生命感みたいなものがあまり感じられないし、周りを見渡してみても草花や水面から生々とした様子が見られない。決して自然環境が悪いわけではない。ここはホッカイシマエビの産地でもあるし、ものすごい数の野鳥がいたのだが、風景はとても寂しいと感じた。

僕は自然の風化の「果て」を見た。これが本当の自然の姿なのだ。そういった場所を写真や情報などではなく、生で体感するのがこの旅の真の目的なのだ。

九月四日　似た者どうし

「忠類川でのサケ釣りには釣獲調査の申し込みが必要です。」―知床・忠類川の周辺には注意書きの看板が至るところに設置されていた。当然、僕もそのルールは知っていた。しかし旅を続けている僕にとって、事前に申請の書類を出すことは難しかった。

まず何日何時に忠類川へ行けるかが分からなかった。決められた日のために途中のよさそうな釣り場を飛ばせないし、かといって早く着き過ぎて何日も待つのも嫌だった。それに川ではなくとも釣りの許されている河口域でカラフトマスとシロザケの釣りは楽しめると思った。そして一番大きな問題が忠類川の釣りにはお金がかかるということだ。貧乏旅行中の身に釣獲調査の費用は捻出できなかった。

話は前日にさかのぼる。野付半島が面白くて、ずいぶん長い時間を過ごしていた。朝からいたのに気づくともう日没が近かった。急いで今夜の寝床を探し、標津町の少し北に小さな海浜公園を見つけた。駐車場に車を入れると、ちょうど山間に夕日が落ちていった。エンジンを切ると何も音が聞こえなくなり、いつものように今日も終わった、ともの思いにふけるのだった。

しかしこの日はこれで終わらなかった。夕食を準備しようかと思っていたところ、一台のワゴン車が駐車場へ入ってきた。狭い駐車場である。その車は僕の車の斜め前へ停まった。なんとなく車のナンバーに目がいった。ん、長野から？　長野ナンバーなんて珍しいなぁと少し驚いていたが、運転手が車から降りてきて僕はたまげた。

でかいフライリールのついた長いダブルハンドロッド（両手で投げる竿）を担いでいたのだ。ウッソーと口に出たと同時に、僕は歩み出していた。すごく興奮していたのだが、平静を装いまず世間話からはじめた。

「こんばんわ。」

「どうも。こんばんわ。」

「長野からいらしたんですか？」

「ええ、そうです。」

「車で来たんですか？」

「はい。そうです。」

手にしている釣竿を見て僕は確信していたが、なぜか緊張して質問した。

「もしかして、フライフィッシングをやりに北海道へ来たんですか？」

「はい。今年の五月から北海道に入って、釣りしながら旅して回ってるんですよ。」

それを聞いたとたん、僕の興奮はピークに達し、緊張は爆発した。僕もフライフィッシングをやりながら日本中を旅してきたんですと、夢中で話し続けた。

彼の名前は小林さんといった。小林さんも僕も青森県大間から函館行きのフェリーに乗って北海道入りした。二人のルートと出発地点は一緒だった。しかし進行方向が違っていた。小林さんは島牧・積丹・留萌から道北、そして道東へ時計回りに。僕は千歳・十勝・弟子屈と道央から道東へ反時計回りに進んで来た。そんな二人がまさか標津の北の駐車場で出会うとは驚き・偶然・奇跡、そんな言葉を超えた巡りあわせを感じた。

話は尽きることなく大いに盛り上がり、陽はとっくに暮れていた。公園から見える町外れの赤提灯にも火が灯った。すると小林さんが、「どうですか。軽く一杯。」

新橋でも標津でも一緒だ。赤提灯を前にして盛り上がった友は暖簾をくぐるしかない。

九月五日　あなたの釣りを見せてください

小林さんも酒はいける口で、空のビール瓶がどんどん増えていく。それにつられて話はますます面白くなっていった。「小林さんはなんで北海道に、なんでフライフィッシングで、なんで車中泊で、なんでこの歳で…。」（小林さんは僕より少し若かった）僕はこんな質問をしながら自問自答のようでもあった。それはそうである。とても近い目的を持った旅で出会った二人なのだ。小林さんも僕への質問で、同じように感じていたのかもしれない。

「でも小林さん。なんで勤め先の釣具屋さんを辞めてまで旅に出たのよ。釣具屋さん楽しかったし、好きだったんでしょ。」

「ん〜。そうですね。でも旅はずっと僕の夢だったので、行くなら今しかないと思ったんですよ。真柄さんも仕事は好きだったんですよね。それなのになんで辞めてまで旅に出たんですかね。」

「ん〜。僕も小林さんと同じで、今しかないって思ったんですよ。でも年齢的にちょっと遅かったかも。」

「なに言ってんですか。僕とそんなに変わらないじゃないですか。真柄さん、まだまだ若いですよ。」

「そっ、そう。もう一本ビール頼んじゃう。」

「頼みましょう。頼みましょう。」

夜はふけ、居酒屋も閉店時間となった。店を出てからお互いの車までの道のりで、僕はあることをお願いした。

「小林さんは明日も忠類川へ行くんですか。」

「もちろん行きますよ。」

「もし小林さんが迷惑じゃなかったら、釣りを見たいんですけど。」

「本当ですか。大歓迎ですよ。さっき呑みながらしたスペイキャストの話は、見てもらった方が分かりやすいですから。」


次の日、僕は竿を手にせずウェーダーだけ履いて小林さんの後を追った。忠類川は思ったよりも川幅が狭くて、ダブルハンドのスペイロッドが本当に必要なんだろうかと疑問だった。前日の小林さんの話では「スペイキャストは、大きな川、小さな川、遠投、近距離、関係ないんです。」ということだった。「理に適った釣り方なんです。」とも言っていた。

小林さんはすぐに一尾かけたがバレてしまった。またすぐにかけたがこちらも残念バレた。そしてまたすぐにかかった。今度はばっちりフッキングしたみたいだ。もうそのころには理に適ったスペイの釣りを僕は存分に見せてもらっていた。とにかく手返しの良さが際立っていて、疲労も少なそうだった。

そして僕が一番心を奪われたのがその静けさだった。ラインを流し終わるとラインがゆっくり持ち上がる。それから左右どちらかの身体の横にライン先端が着水し、キレイなループを解くと、フライが遠くへ静かに落ちる。小林さんが熟練のスペイキャスターだから、見ているととても簡単そうだ。しかしなかなか難しい。

僕も昔少しだけスペイキャストをやったことはある。身体の横で水面を叩いて、前でも水面を叩いて散々だった。手返しがよくて静かで理に適った釣り。僕はもう一度挑戦してみようかと思った。小林さんの足元に横たわったのは大きなセッパリのカラフトマスだった。二人でガッチリと握手を交わした。

そして二人は、今夜も赤提灯の暖簾をくぐった。

北海道ならではの釣り新聞、釣り雑誌

僕が北海道へ来てひと月と少し、北の大地の夏は短く、ひと足早い秋が訪れようとしていた。

山々はまだ緑濃い姿をしていたが川は水量が落ち、空は日没が早くなっていた。そして秋を告げる魚たちが大挙して故郷へのぼってきていた。コンビニの新聞コーナーの見出しが気になる。「カラフトマス本番迫る。」、「サケ続々岸寄り。」。僕は北海道の秋の訪れをコンビニに並ぶ新聞の見出しから感じ取っていた。夏の終わりの寂しさはなかった。むしろ今か今かと秋一番の便りを待っていた。

今日ついに、カラフトマスとアキアジが海岸から釣れ出したという見出しが新聞におどった。僕は即座にその『週刊釣り新聞ほっかいどう』を手にし、レジへ向かった。驚いた。まさにこれぞ北海道

と言うべき魚たちの写真が紙面を飾っていたのだ。「スッゲ～、デッカッ！」と言った僕の口はそのままふさがらなかった。こんなのがいるのか。間違ってオレの竿にかかったらどうしよう。そんな妄想をしながら大物の写真を見ているだけでも楽しめるのだが、そればかりではない。

「なに、この魚？ なに、この釣り方と道具は？」

北海道民の方には当たり前の魚に当たり前の釣り方かも知れないが、山形生まれの僕には見たことも聞いたこともない。でも、この魚の形だとあの魚に似てるな、この釣り方で釣れるならフライフィッシングでもいけるな、などと考え想像するのがとても新鮮で面白かった。

なにより僕の目を引いたのは紙面に出ている釣り人たちの笑顔だった。Tシャツ・短パンの子供から畑仕事の格好のままのおじいちゃん、おばあちゃんまで、老若男女問わず皆が皆、釣った魚を持って素晴らしい笑顔をしていた。本当に魚釣りを楽しんでいる雰囲気が心地よく伝わってくる。新聞を持つ手があたたくなってくるのを感じた。地元紙は面白い。

つり新聞と一緒に買って、秋の夜長に読み漁ったのが『月刊北海道のつり』である。やはり地元の雑誌というか、さすが地元誌と言うべき雑誌だ。東京に住んでいる僕にはなかなか届いて来ない一冊だ。誌面には、道北や礼文・利尻の情報まで詳細に記されていた。驚いたのがアイヌ語の記事だった。地名・河川名を中心に解説してあり、僕が釣ってきた河川名の、アイヌ語の語源を知ることができた。どの川も名前と意味が一致していて納得だった。

ずいぶんと楽しめたのが広告だった。秋なのでメーカーはアキアジ用の道具を売り出していた。とくにウキルアー釣りの広告が多く、大小色々な形をしたウキに様々な模様をつけたルアーの写真が並び、眺めるだけでも楽しめた。ボート販売の広告も多く載っていた。漁師が使い古した中古の安くて小さい船から、石原裕次郎さんが乗っていそうな豪華クルーザーまで。買えもしないのにどれにしようか真剣に選んだりした。東日本海フェリーの広告には夢がふくらんだ。礼文行き、利尻行き、はたまたサハリン行きのフェリーに乗っている自分を想像したりしてワクワクしていた。

北の釣り人たちはキャスティングにも熱いのがわかった。キャスティング競技会の告知や結果発表などが、たくさん取り上げられている。競技会や練習会が毎月道内のどこかしらで行われている程、盛り上がっているみたいだった。北海道の釣り人がそんなにキャスティングの腕を磨いたら、本州から行った僕なんかは釣れなくなってしまうではないか。

事実、川釣りの釣行記などを読むと相当にいいニジマスやアメマスなどがバンバン釣れている。僕は毎日釣りしているのにさほど釣っていない。それは完全に腕の差だったのだ。フライフィッシングに突っ込んだ記事も、かなり熟練された方が書いた内容であるのがよく分かった。僕は何度も読み返して、唸りを上げげた。

九月七日　カラフトマスがやって来た

小林さんと出会った海浜公園で四日目の朝を迎えた。今日は僕の方が早起きかななんて思いながらソ〜ッと車のドアを開けてみると、フワッとコーヒーの香りが立っている。四日間全ての日で小林さんは僕より早起きだった。釣りのうまい人は朝も早いというのは本当だなあとつくづく思った。

小林さんはコーヒーの淹れ方も抜群に上手だった。本格的なコーヒーセットを持ち水にもこだわり、落とす時間も計っているようだった。二日酔いの身体に染み渡る最高のコーヒーを飲みたくて、僕は毎夜小林さんと酒を交わしたのかもしれない。インスタントコーヒーしか持ち合わせてない僕がコーヒー係でなくて本当に良かった。

モーニングコーヒーを飲み終えると、どちらともなく朝食の準備に取りかかるのが日課だった。そして先に準備に取りかかった方が、なんとなく二人分の朝食をつくってふるまった。僕が作ったのはご飯にちょっとしたおかずと味噌汁。自分のいつもの朝食だ。すると小林さんは、「ご飯を食べるのは久しぶりです。」と感激してくれた。

僕の車には炊飯ジャーがついているが、小林さんの車にはついていない。釣りを教えてもらったりコーヒーも淹れてもらったりで悪いなぁと思っていた僕は、ちょっと恩返しができて嬉しかった。

朝食の片づけが終わると、小林さんは毎日、忠類川へ向かった。僕は町をブラブラしたり、海をボーッと眺めたり、本を読んだりしていた。知床にカラフトマスが大挙してのぼってくるのを待っていたのだ。そしてついに〝頃合い〟が来た。

「小林さん。この四日間本当に楽しかった。どうもありがとう。知床にカラフトマスが来たから出発します。」

「そうですか。知床に出発しますか。僕も今日は移動しようと思っていたんです。標津から南下します。こちらこそ短い時間でしたが楽しかったです。」

思い出に浸っていたら、少しづつ寂しさみたいなものが込み上げてきた。小林さんもそう思っていたのか、次の言葉がない。僕も次の言葉が出てこない。海辺にいるのに波の音さえ聞こえてこない。そのかわりに耳の奥の方で小さな音が、シーン、と鳴っている。耳鳴りだろうか、それともあまりにも静かで遠くの何かの音が聞こえているのか。どちらか分からない。

「おはようっ。」

突然、背後から声がして、僕と小林さんはビックリして振り向いた。

おばさんがニコニコと近づいてきた。

XI

知床旅情

北海道

「おはようっ。いい天気になりそうだね。」

旅のあいだ、知らない人に話しかけられることはよくあった。

ひとことめはもちろん挨拶だ。

でも「おはようございます」なんて言われると恐縮して緊張する。

「おはよう。」

「こんにちわ。」

当たり前の気軽な挨拶がいちばんうちとけやすい。

おばさんの威勢のいい「おはようっ。」は気分が良かった。

打ちとけすぎておばさんの家にまでお邪魔するとは、
このとき思いもしなかった。

あたしに子供がいたら

「二人はどっから来たの?」

「長野から来ました。」

「僕は東京から。」

「あらっ、そんな遠くから。」

あらっ、とは言ったもののおばさんはそんなに驚いている風ではなかった。最初から道内の人間ではないと思って声を掛けてきたのかもしれない。実際、北海道の各地で声を掛けてきてくれた人に「東京から来た。」と言っても誰一人驚かなかった。

それもそのはずで、この時期の北海道には全国からバイクやキャンピングカーに乗った人が集まるのだ。九州・四国・中国地方・東北などでは「えっ東京からっ!」とこちらがビックリするほど大きな声を聞いたが、北海道ではそれがなかった。

そのかわり地元の人は皆、気さくに声を掛けてきてくれた。いい意味で旅人慣れしてるのかもしれない。外から来た人は大歓迎という雰囲気が北海道中で感じられた。

「どう。北海道はいいでしょう。」

おばさんは自信たっぷりに聞いてきた。

「風景が抜群にいい。雄大な自然に負けないくらい、人間も大きくて優しい。それと食べ物がうまいっ。」

小林さんも僕と同じように感じていると思い、北海道のいいところを全て言ってやった。

「それは良かったわ。」

と言うと、おばさんはにっこり笑った。自慢の地元を持ったおばさんが羨ましくて僕たちも微笑んだ。

「あたしに子供がいたら、あんたたちくらいの歳かなぁ。」

僕もおばさんを母親と同じくらいの歳だなぁと思っていた。すると本当に母親みたいなことを言ってきた。

「あんたたち、その歳で仕事はどうしたのよ?」

「半年以上前に釣り具屋を辞めて、北海道を一周しているんです。」

「僕も半年以上前に仕事を辞めて、日本縦断の旅をしているんです。」

「あらっ、そうっ。それじゃこれからもお金が必要でしょう。昆布漁、紹介するかっ。」

と言ってガハハッと笑った。この肝っ玉かぁちゃん面白い。

「それで旅して周ってんのは分かったけど、観光だけかい?」

「いや。もちろん観光もそうなんだけど、釣りしに来たんです。」

と小林さんが言って、僕もウンウンと頷いた。

「アキアジか。」

と言って、おばさんの目はマンガみたいにキラ〜ンと光った。僕と小林さんは答えに困り、

「まぁ、シロザケだけでなく。」

「色々なターゲットがいるわけで。」

「ニジマスからオショロコマと。」

「そもそもフライフィッシングで。」

おばさんは「何言ってんの?」みたいな顔していたが、それもそのはず。本人たちも何を言ってるか分からない。フライフィッシングで北海道を釣り歩く旅の魅力なんて、説明は難しい。

エサはサンマを使え

困惑する三人が唸りを上げていると、ちょうどいいタイミングでおじさんが現れた。おばさんは「うちの旦那。」と言った。ぼくたちのことを「釣りしに北海道に来たんだって。」と紹介してくれた。

おじさんの目もマンガみたいにキラ〜ンと光った。

「アキアジか。まだちょっと早いんじゃないかい。」

「まだ早いですか?　いつ頃からいいですか?」

僕もまだ早いのは知っていたが、一番いい時期とポイントが知りたくて、釣り初心者のふりをして身を乗り出して聞いた。するとおじさんの声は徐々に小さくなり、

「何週間後。どこで。この釣り方で。」

と本当に小声で教えてくれた。〝この釣り方〟は僕たちの釣り方ではないと判断し、なんとなく聞き流しておいて、「詳しいポイントを教えてください。」と言った。おじさんは親切丁寧に教えてくれた。しかし最後に、

「エサはサンマを使え。」

と言った。

僕は「ははぁー。」と曖昧な返事をして「潮の関係も教えてください。」と言った。おじさんは潮周りのこともよく教えてくれた。しかしまた最後に、

「エサはサンマなっ。切り方はこう。」

と言った。

今度は返事もせず「釣れる時間帯を教えてください。」と言うとおじさんは「朝一番。」とだけ言って、

「切ったサンマはハリにこう付ける。」

と、最後にまたサンマで念を押してきた。僕はフライで釣りたいと言おうか言うまいか迷っていた。

するとおばさんが、タイミング良かったのか悪かったのか
「あんたたち、まだ時間あるんでしょう？　うちでお茶でも飲んで行きなさいよ。」
と言った。おじさんも
「さぁ、うちすぐそこだからっ。」
と言って本当に目の前の家に入って行った。おばさんは「先を急ぐわけじゃないんでしょ。さあさあ早く。」と手招きをしている。僕と小林さんは「本当に悪いですから。」と何度も遠慮したが、最後は肝っ玉かぁちゃんの強引さに負けてお邪魔させてもらった。

ご飯食べてきなさいよ

おばさんの家に入ると、山形の実家と同じ匂いがした。タンスの匂いと仏壇の線香の匂いが混じったような、特有の香り。熱々のうまいお茶を飲んでいると腰が重くなり、自分の家みたいに落ち着いてしまった。釣りの話をするとまたサンマの話になりそうだったので、なるべく釣りには触れず、世間話をした。ご夫婦はさすがに地元だけあって知床の話題には詳しかった。『知床旅情』に始まり番屋・漁師の話・ヒグマの話・歴史の話。どれもが興味深く楽しかった。
おじさんのトラック野郎時代の話には大いに笑った。知床のシロザケをトラックいっぱいに積んで何

度も東京—知床間を往復していた頃の際どく危ない話。「今だから言えるけどよぉ。」って話はやはり面白い。楽しい時間は過ぎるのが早い。朝方からお邪魔してもう昼時になっていた。

僕たちは「それじゃ、そろそろ。」と言って立ち上がった。

「あらっ、もう昼近いじゃない。何にもないけど昼ご飯食べてきなさいよ。」

というとおばさんはご飯の準備に取りかかった。

「いやっ、だめですよ。」

「そこまでごちそうになれません。」

僕たちはしつこく言ったが、おばさんは聞く耳持たずでそそくさとガスコンロに火をつけた。

食卓には地の物が並びどれもが旨かった。特に驚いたのが初めて食べた〝土の畑になるワサビ〟だった。切ってあったので形はよく分からなかったが、口に入れた瞬間、鼻にツンときてワサビだと分かった。最初だけ鼻に抜ける辛さはあるものの、その後は甘い風味だけが残る。ちょっとだけ辛くてちょっとだけ甘い。これが抜群に旨くて僕は恥ずかしげもなく、ご飯を三杯もおかわりした。

「ごちそうさまでした。」

と言うと、今度こそ僕たちは家を後にした。おじさんもおばさんも玄関先まで出てきて手を振っていた。小林さんも僕も深々と頭を下げた。

「また来いよ〜。」

「また来ますっ。」

ご夫婦にもう一度深く頭を下げた。

「またどっかの川で会いましょう。」

小林さんとガッチリ握手を交わした。住み慣れた海浜公園の駐車場を出て、小林さんの車は南へ、僕の車は北へ向かった。

九月一〇日　羅臼とウマが合う

知床の語源はアイヌ語で「シリエトク」である。大地が尽きるところとの意味らしい。大地が尽きようとも、驚きや発見は尽きなかった。ずいぶん長居したもんだ。知床半島の羅臼側だけで五日間を過ごした。朝晩は必ずカラフトマスを狙い、いくつもの河口をウロウロした。

「今年は猛暑でだめだぁ。まだ岸寄りしてないよ。」

釣り場で話した方は皆、同じことを言った。

「北海道の海もおかしくなってきた。漁師が生まれて初めてシイラを見たと言っていたぞ。」

ゾンカー

地元の方からそんな話も聞いた。例年ならばそこのポイント、魚で真っ黒だぞと言われた場所は三、四尾の群れが左から右、右から左へと五分おきに通るばかりだった。タイミングを合わせて大きく真っ赤なゾンカーを魚の目の前に置いてみたが、一尾たりとも反応しない。チラッとも見てくれない。

「こんなバカバカしい釣り、やめっやめっ。」

朝の釣りはいつもそんな感じで、日が上がると飽きて、早々に竿をたたんだ。魚がいなければ移動するのがこの旅のならいだったが、僕は羅臼の地をなかなか離れられなかった。ウマが合ったということかもしれない。

九州では桜島、阿蘇山。四国では四万十川、桂浜。本州西部では中国山地から大山。東北では鳥海山から白神山地。北海道では羊蹄山から十勝平野と釧路湿原。

数々の大自然の中、山中に分け入ったり麓から見上げたり、平野の中の一本道を駆け抜けたり、高台から大湿原を眺めたり。日本海に沈むオレンジ色の夕陽や日高山脈を美しいシルエットで映し出す夕焼けも見た。どれもが雄大で感動的な景色だった。

しかし、あまりにも素晴らし過ぎて現実離れしていた。異国の景色までとはいかないまでも、どこか本当に遠い土地の、大きな大きな美しい写真を見ているみたいだった。近くに見えるのに、その景色の中にいるのにだ。これも一つの感動だと僕は思うのだが、羅臼の自然はまた違った感動を与えてくれた。今まで全国で見てきた絶景に及ぶものは正直なかった。しかし羅臼はどこへ行っても自然との近さ、身近さを感じることができた。

相泊の車止めから東へ歩くと、山側はすぐに世界自然遺産の核心地域になる。コアゾーンには入れないが海岸線を歩いただけでも濃密な緑の匂いというか山の香りがする。

夏を謳歌している草木が、ムッ、とか、ワッ、とオーラを放っているような感じがして、当たり前だが山々は本当に生きているんだと実感できる。ゴツゴツとした岩場の歩きとヒグマのプレッシャーで、背中は汗でビッショリ、そこへたまに海から風が吹くとそりゃあ気持ちが良く、山と海の濃厚な香りにクラクラした。

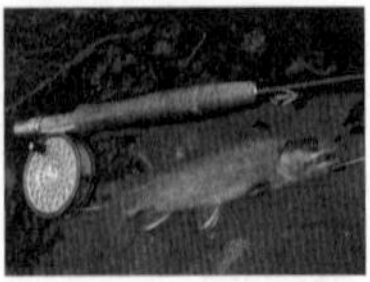
オショロコマ

地元民と露天風呂

街に戻ると羅臼川周辺をウロウロするのが日課になっていた。ここでは当たり前の風景だが橋の上から川を覗けば、カラフトマスが川幅いっぱいに泳いでいる。川の深みは魚で本当に真っ黒になっている。川岸には草をついばんだり、水を飲んだりしているエゾシカの親子がいくつも見える。

街のど真ん中を流れる川でこんな風景が見られるとは僕には驚きだった。橋の上からいつまでも眺め、飽きることはなかった。幸せな時間が山にも川にも、そこにいるすべての生きものに流れているような気がした。緊張感のある荒々しい自然も優しく包み込んでくれるような自然も、ここ羅臼にはあった。

羅臼川上流でオショロコマと遊んだ。堰堤下のちょっとしたプールにドライフライを浮かべると、いつまでも釣れ続いた。ひとつのプールをやっただけで満足してしまうくらい釣れる。全く相手にしてくれないカラフトマスとは違い、僕を優しく慰めてくれる。魚に対してかわいいと思ったことはなかったが、ここのオショロコマは本当にかわいいやつらだと素直に思った。

羅臼川上流部を釣った時はそのまま川沿いを上り、無料の熊の湯に入るのが僕の日課になっていた。川沿いのちょっとした崖の上というか高台にある、無料の温泉としてはとても大きい露天風呂がそれだ。

ここは熊の湯愛好会なるボランティアの方々が管理していて一日置きに清掃されているそうで、とてもキレイで清潔だった。少し熱めのお湯が気持ちよく、羅臼川のせせらぎも聞こえる抜群のロケーションについつい長湯してしまう。長湯といっても僕の場合は熱いので出たり入ったり。

するとと地元の方に、

「兄ちゃん、どっから来た?」

と聞かれる。

「東京から来ました。」

と言うと、

「そうか東京か。ここの湯は熱いだろう。出たり入ったりする人は地元じゃないからすぐ分かる。」

と言ってガッハッハと笑う。僕も照れ隠しと話しかけられた嬉しさで一緒になって笑った。

もう一つの無料露天風呂、相泊温泉にもよく入った。海岸線沿いにポツンとあるとても小さな温泉で、大人が三、四人も入ると満員だ。ここの露天風呂はワイルドで質素だ。ボロボロのトタン屋根があるだけで、脱衣所なんかも何もない。

そしてとにかく熱い。僕は何度も行ったが最高でも一〇秒も入っていられなかった。風呂には足だけ入れて、目の前に広がるオホーツク海をボーッと眺めている時間の方が長かった。すると先に入っていた地元の方にまた聞かれるのだ。

「兄ちゃん、どっから来た?」

見たこともない魚を

温泉から上がると夕方の釣りに出かける。

カラフトマスの群れは薄かったが偶然にも面白い魚が釣れて以来、足しげくとあるポイントへ通った。

そこには小さな沢が流れ込んでいて左手側にはテトラが沈んでいた。目の前には五尾前後のカラフトマスが見える。相も変わらず何をやっても反応しない。一度などタイミングが良すぎて沈ませた赤いゾンカーがマスの頭に乗ったことまであった。それでも逃げる素振りも見せずゆっくりと通り過ぎていく。

日が暮れ、魚の姿も見えなくなった頃、ラインを回収するためゆっくりとリトリーブした。すると突然「コンッコンッ」と素早いアタリがあった。ラインをシュッと引いて合わせたがハリがかりしない。僕の真ん前にあるはずのラインがいつのまにテトラの方へ流されているのに気付いた。暗くなってから潮の動きが早くなり、漂わせていたフローティングラインがずいぶん左に流されていたのだ。

今度はテトラに向かって投げてみた。またすぐにさっきと同じアタリがあったが掛からない。リトリーブを始めるとまたアタったが同じ。魚が小さいかなと思い、一番小さいハリのピンクのゾンカーを投げてみた。すると掛かった。結構な引きの魚が水面でローリングする。

岸に上げてヘッドライトを当ててみるとメバルに似ているがちがう。これが北海道の釣り雑誌に出ていたソイという魚だと分かるのには、ちょっと時間がかかった。そこからは一投一尾のすごい釣りになった。二〇センチ前後だがサイズのわりにとても力が強い。フライの材料に使ってあるラビットファー(ウサギの毛)がボロボロに擦り切れても釣れ続いた。

地元の方や熟練の釣り人は、こういうポイントでこんな釣り方をすればソイはバンバン釣れるのは当然分かっていると思うが、僕は秘密のポイントで必殺のハリで、見たこともない魚を釣っているという感覚にドキドキしていた。ソイを釣ってからは、夕方の釣りが待ち遠しくなっていた。まだ日のあるうちはカラフトマスが間違って喰ってくるかもという淡い期待でキャストを続けた。結局マスは一尾も釣れなかったが、日が暮れてからのソイ釣りは毎晩釣れまくった。酒の旨い日が続いた。

ネオンの街でひとり

酔った勢いか、それとも釣りの嬉しい話を誰かに聞いてもらいたかったのか、酒がまわると羅臼の呑み屋街へ足が向いた。旅も終わりに近づき使えるお金は残り少ないので、実際にお店に入るわけにはいかなかった。それでもなぜか小さなネオン街を歩いていた。

スナックからは叫び声みたいなカラオケが聞こえる。居酒屋からは両肩を抱えられて足元がおぼつかないお父さんが出てくる。男女が仲良く身を寄せながら、

「もう一軒だけ。」

「ダメっ。」

「もう一杯だけ。」

「ダメっ。」

「頼む！」

「もう帰るよっ。」

　楽しそうな押し問答が続く。

　一緒に酒を呑んで語ったわけでもないのに、皆の幸せそうな顔を見たり声を聞いたりしていると、僕も幸せな気分になった。楽しい時間を共有したような気持ちだった。小さな街なのに自然の力と人間のパワーが凄かった。ますます羅臼が好きになり離れられないでいたのだが、そろそろ先に進まねばとも思っていた。そう思うと急に寂しくなった。

　羅臼を離れる日、しおかぜ公園へ向かった。ここは映画『地の果てに生きるもの』のオホーツク老人像が建つ高台の公園で、羅臼の街、羅臼漁港、オホーツク海を一望できる。オホーツク海は今日も深い青色をしている。羅臼港は今日も元気だ。

　トラックやフォークリフトがすごいスピードで走り回り、働く方々はいそいそと大きなカゴを持って動き回る。車の騒音やクラクション、罵声や笑い声までここに届きそうだ。これだけ元気な漁港も珍しい。なんだか嬉しくなってくる。森繁久彌さんが羅臼町民へ残した『知床旅情』の碑を一読し、知床峠を越えた。

九月一一日　いた、いた、いたっ！

冬期は閉鎖するため日本一開通期間の短い国道、知床横断道路でウトロに入った。峠の下り道で一本の川が見えた。そのまま海へ流れ込んでいるのが分かる。釣り人が二、三人いた。

「峠を下りきったところに流れ込みがある。そこがウトロでも有名なポイントのホロベツ川河口だ。まぁそこのポイント見たらわかるよ。でもまだウトロも魚寄っていないってよ。」

羅臼で出会ったフライの釣り人に教えてもらった情報だった。人気ポイントで二、三人しかいないとなるとたしかにまだ魚が入ってないみたいだ。ポイント近くの駐車場に車を入れ、夕刻を待ってみる。日が暮れだすと釣り人たちは一人、二人と帰っていった。

「夕方の一発勝負で竿を出すか。ダメだったらテトラか漁港でソイ釣りをしよう。」

そんな気持ちで竿を継ぎ、河口へ向かった。日暮れと同時に波が高くなっていった。そして高くなった波の中に信じられない光景を見た。波が上がった瞬間、薄暗い空をバックに何尾もの黒い影が見えた。波の中に大きなカラフトマスが七、八尾、大きな波の時には一〇～一五尾も見えた。

「いるっ。すごい数いるっ。いた、いた、いたっ。」

ポイントへ小走りした。川からの流れに乗せてフライを流し込む。テンションをかけながらゆっくりと送る。五投目くらいだったと思う。根がかりのようなアタリに軽く竿をあおった。

ドスンッ！

という反応があり、そこから一度もスピードが緩まずに全部のラインがリールから出された。そこでフッとラインが軽くなった。バレたと思った次の瞬間、また二〇メートルほどバッキングラインが引き出された。はるか遠くで大きな魚が二、三回ジャンプしたが、遠すぎて僕がかけた魚かどうかの判断はできなかった。

あたりはすでに真っ暗だ。やっと寄ってきた魚を岸際に上げた。ヘッドライトで照らすとビカビカに光ったセッパリの大きなカラフトマスだった。

僕は魚の前で膝を落とし、両手を空に上げ思いっきり拳を握った。

ヨッシッッ！

声にならない声が腹の底から湧き上がった。

ウトロに入って最初のポイントで釣れてしまった。ウトロの周辺には数多くのポイントが点在すると聞いた。この信じられないファイトと目を奪われる美しい姿を、僕はあと何度味わうことができるのか。

カラフトマス

XII

初めての動物園

北海道

「もし飛行機のチケットが取れたら、近いうちに北海道へ行こうと思っているの。」

「えぇっ。本当にっ。」

「本当だよっ。どうしても旭山動物園に行きたいのっ。」

「うっ、うん。」

僕は今にも猿払村に入ろうとしていて、旭川までは相当な距離がある な、と思った。

「でもね、旭川空港って土日のチケットがすごく取りづらいんだって。もしも旭川がダメでも、新千歳空港が取れたら、迎えに来てくれる?」

九月一二日　その細い棒はなに

羅臼からウトロに入ると、カラフトマスの数がとても多くなった。そして釣り人の数も魚の数以上にものすごく多かった。魚影は見えるものの人がずらりと並んでいてポイントにすら近づけない。ウトロに入ってからすぐに一尾釣れたのでこれからはバシバシ釣れると思っていたが、竿さえも繋げない。有名なポイントは道路からチラッと見るだけにして、西へ、斜里町方面へと向かう。

地図上でひとつだけ気になるポイントがあった。山の感じが良さそう、川の感じが良さそう、河口の感じが良さそうとか、そういう理由ではない。ただ道路から離れていてアクセスが悪そうなのが気になった。真水が流れ込んでいる河口ならどこでもカラフトマスは寄ってきているのが段々と分かってきていた。魚は必ずいる。先行者さえいなければ釣りができる。アクセスの悪さだけを頼りにそのポイントへ向かった。

唯一、車を置ける場所には一台も停まっていなかった。ポイントには誰もいない。夕刻が迫ってきている。猛スピードで釣りの準備をした。焦りが頂点に達していたのだと思う。この旅で初めて準備中に地面へ竿を置いた。そして後ろのドアを閉めようとして一歩後ろへ下がった時、やってしまったのだ。竿を踏んだ。この世の終わり、大げさではなく本当にそう思った。

「ミシィッ。」

と凄い音がしたので竿は真っ二つだと思っていたが元の姿のままだった。竿の本体へ垂直に一・五センチくらいのキズが入っただけと見えた。

「これなら多分、大丈夫。ちょっとのキズだから折れはしない。」

不安を拭い去るために自分に言い聞かせた。

ポイントまで速歩きで一〇分ほどかかった。クマザサの林の中でヒグマと夕暮れのプレッシャーが寄せてくる。嫌でも足は速くなった。ゼェゼェと息が切れ、大岩の上へ腰をかける。息を切らしながら顔を上げ、波間をジッと見つめるとすごい数の魚が背ビレを出しながら浮いていた。ガクガクする膝が言うことをきかない。立ち上がる時に転びそうになった自分を笑った。

「ヨシッ。」

気持ちが落ち着いたところでポイントに近づき、一投目はロールキャスト（水面にラインを置いて投げるキャスト方法）をした。魚の反応は上々だったが喰ってこない。次は遠目の魚を狙おうとやや強めにキャストした。

「あれっ。」

遠くのポイント目がけて飛んでいくはずのラインが、フラフラと目の前に落ちてきた。波間で漂うラインに、細い棒のようなものが絡み付いている。何が起こったのか分からない。

ふと竿に目をやるとど真ん中から上半分がない。それでも事態が理解できなかった。もう一度竿に目をやり、じっくりと見てみる。竿が半分になった箇所は鋭利な刃物で切られたみたいにスパッといっていた。

急に足元からザワザワした感覚が込み上げ、背中を抜けていった。そしてようやく分かった。〝波間に漂うラインに絡んだ細い棒〟――それは僕の折れた竿だった。さっき踏んだ時の小さなキズは全然大丈夫じゃなかったのだ。

日はもうすぐ沈む、道具も使えない。僕はたった二投しただけで、苦労して歩いてきた道をとぼとぼと引き返した。それでもまだだいぶ未練のあった僕は、帰り道で考えた。

「車にはウインストンのIM6がある。六番の竿でカラフトは釣れないだろうか。」

自分でもけっこう無謀だと思った。カラフトマスのパワーに柔らかめのIM6で対応できるのか。リールも高性能とは言えない。釣りの後に真水で洗うとしても、海で淡水用の道具を使うのは気がひけた。ただすごく、このポイントに未練があった。魚はたくさんいるし、人がいない。明日になったら魚はいないかもしれないし、人がたくさんいるかもしれない。今しかないかもしれない。車に引き返してきた時には、それが「今しかないんだ」となっていた。

急いで六番ロッドを引っ張り出した。もう一度あのクマザサの中を通ると思うと気が重かったが、そこを抜ければ桃源郷だ。刻々と近づく日暮れ、ヒグマのプレッシャー、その先への期待。グチャグチャと色々な思いが交錯し、妙な高揚感を覚えた。

そしてその高揚は爆発した。日が暮れるまでの二〇～三〇分で、七尾ものカラフトマスを釣ることができた。リーダー（先糸）は〇Xと太くて切れないから竿を立てると竿のほうが折れてしまう。ほとんど竿を使わないでやりとりしたので、かけた数の半分も取れなかった。無理だと思った道具立てでもやってみなくちゃ分からない。

釣りを終え、本当に丹念に丹念に感謝を込めて川の水で道具を洗っていたら、辺りはすでに真っ暗になっていた。黒く密集したクマザサの林が目の前にそびえたつように見えた。

この喜びを皆さんに

なんとか勇気を振り絞り真っ暗闇の林を抜け、車まで走って戻ってきた。

手元まで引き寄せた七尾のうち四尾をキープして、両手でぶら下げて戻ってきたものだから、腕から腰から足まで全部痛かった。嬉しい疲労感に包まれ運転席で一息ついて電話をかけた。まずは東京の釣りの先輩、そして旅の出発時に竿をプレゼントしてくれたアサダさんに。

「アサダさん、すいません。旅のためにいただいた竿を折ってしまいました。」

「おぉっ。魚で折ったのか。」

「いえっ。踏んで折ってしまいました。」

「ハッハッハッ。しょうがないなぁ。」

「アサダさん、笑いごとじゃないですよ。あんな高価な竿ですよ。しかもヒグマ出そうな道をけっこう歩いて二投目で、竿の半分から上が飛んでいったんですから。」

「ハッハッハッ。その話面白いな。ところで釣りのほうはどうなの。」

「カラフトマスが釣れました。」

「そうか。カラフトは身も卵も旨いぞ。」

たしかに地元の方もそう言っていた。

「まぁ、竿のことは気にするなよ。それよりこれから先、使う竿はどうするんだ。こっちから何本か送ろうか。」

そこまで迷惑はかけられないと、丁寧に断った。

「それじゃ残り少ない旅、気をつけて。」

とあたたかい言葉をかけてくれた。いただいた竿を折ったのに、さらに送ろうかとまで言ってくれるとても寛大な方である。次に、標津で一緒になった北海道一周中のコバヤシさんに電話をかけた。

「コバヤシさん。今日、カラフトいっぱい釣っちゃいました。」

「おぉっ、やりましたね。パワーとスピードけっこうあったでしょう。」

「すごかったですよ。何尾もかけたけど七尾取りました。それで四尾キープしました。」

「そうですか。卵をばらしてイクラにしたら旨いですよ。」

やはり地元の方と同じ意見だ。

「それと実は竿を踏んで折っちゃったんですよ。」

「えぇっ、それじゃ僕の竿を貸しますよ。まだそんなに遠くじゃないし。明日の朝一番に郵便局どめで送りますよ。」

「いやいや悪いですから。」

「大丈夫。何本も持ってきていますから。」

ついつい甘えてしまい、コバヤシさんから高番手のダブルハンドロッドを借りることになった。竿が到着する明後日は網走からもう少し先へ行っているだろうと思い、北見郵便局どめで送ってもらうことにした。コバヤシさんには標津にいる時も今回も助けてもらった。本当にいい人と出会えた。

最後に、僕の車を旅仕様に改造してくれ北海道にも精通した先輩である、大城さんに電話をかけた。

「おぉ。どうした。車のトラブルか。」

「いえ。今、斜里まで来てカラフト釣ったんですよ。」

「おぉっ。釣ったか。釣ったか。」

「それで、お世話になった方々にさばいて贈ろうと思うんですけど、どうやって送ればいいんですかね。」

「どうやってって、宅急便の営業所行ってみろ。この時期はシロザケを贈るための発泡スチロール、山ほど積んであるから。」

「えぇっ。そうなんですか。ああいった箱がどこで手に入るか想像もつかなかったんですよ。それと魚のさばき方と、卵の漬け方も教えてください。」

「おうっ。いいぞ。まず用意するのは日本酒、それと昆布醤油。醤油は絶対地元の昆布醤油だぞ。あとは卵をばらすザルな。」

「んっ。ザルですか。」

「そう。卵が通りそうなザルだぞ。魚は卵をキズつけないように腹を切って、内臓出して洗うだけ。卵はぬるま湯で流しながらザルの中でばらしていく。ゆっくりな。ばらした卵は酒と昆布醤油を一対一に漬ける。これだけだよ。」

困ったときにいつも助言をくれるのが、大城さんだ。僕は本当に周りの人に恵まれているといつも思う。恩返ししなくてはと思う方が大勢いる。それは幸せなことだと思う。

筋子はだれの子

近くの営業所に行くと、本当に発泡スチロールが山積みで置いてあった。昆布醤油とザルをスーパーで買った。酒は手持ちがある。飲み水をためてあるポリタンクから水を汲み、コンロにかける。ぬるま湯を落としながらザルの中の卵を、膜からゆっくり剥がしていく。

ポロッポロッと、小さな卵がひとつずつゆっくりボウルへ落ちていく。最初は「おぉ。すげぇっ。」と感動していたが、本当にゆっくりひとつずつ落ちていくので、二尾目あたりからかなり辛い作業となってきた。四尾すべてさばいた頃には、もうクタクタだった。

一番最初に漬けたイクラを味見してみる。二時間くらいたっているから少しは味がついただろうか。口の中でプチッとはじけた。当たり前だがとても新鮮だ。フッと海の香りがして「むむっ。」と唸りを上げたが、まだ味はしみていない。熟成にはほど遠い。漬かり加減が心配だが一応、形はできた。

発泡スチロールに氷を敷き詰め、さばいた魚を置いた。すると一気に魚屋さんの店頭に並んでいる、うまそうな商品のようになった。最後にイクラを漬けたガラスのビンを、魚と一緒にひとつずつ詰め、フタを閉めた。北海道の自然と、お世話になった方々と、両方に感謝の気持ちを込めて贈った。

後日、お礼の電話を皆さんからいただいた。

「魚、大きかったね。」「脂がのってたよ。」「いやー、旨かった。」

意外と言ってはなんだが、カラフトマスの身のほうが高評価だった。誰もがイクラについては意見してこなかったので、僕のほうから聞くこととなった。

「ところで、イクラはどうでした。」

「んー。私の口には合わなかったな。」

やはり熟成が足りなかったのか。

「ちょっと味が薄いかも。」

昆布醤油が足りなかったか。

「粒が小さい。」

シロザケの卵じゃなく、カラフトマスの卵だからね。

「シロザケのイクラのほうが旨いっ。」

地元では身も卵もカラフトのほうが旨いという方もいるんだからね。皆さんの意見にガックリきた。あれだけ苦労したのに。

「今度はシロザケ狙うんでしょ。釣れたらまた送ってね。」

そんなことを軽ーく言った方もいた。その方にはイクラを作るにはどれだけ手間がかかるかを、そのまま電話を切らないで説いた。

「よって、これからシロザケを釣っても、サケとイクラは贈りません。」

お世話になった方によくもそんな口をきけたもんだと、自分でも思うがそれだけ大変だったのだ。

「ケチッ。」

「はい。ケチです。」

「恩知らずっ。」

「はい。違うところで恩を返したいと思ってます。」

「もういいよ。ところでさぁ、ちょっとした疑問があるんだけど。カラフトマスの卵もイクラで、シロザケの卵もイクラなんでしょう。」

「そうですよ。地元ではマスコと言う呼び方もあるみたいです。」

「あっそう。じゃあスーパーで売っている筋子は誰の卵なの。」

「えっ、筋子っ。そういえば誰の卵なんでしょう。イクラにする前の膜に包まれた状態は、まさに筋子でしたけど。ただスーパーの粒はもうちょっと小ぶりだし。」

「んー。」

ふたりで唸った。

「まあどうでもいいけど、真柄君が苦労してばらしたイクラは、その直前は筋子だったわけでしょ。そのままのほうが旨かったんじゃないの。」

「なんでいじめるんですか。」

「やっぱり真柄君。今度シロザケ釣れたら身とイクラ送ってよ。」

「だから、嫌ですって。」

「頼む。」

「ダメ。」

「じゃあ、筋子でもいいよ。」

「んー。やっぱり断ります。」

「なんだよ。そんなこと言うと、釣り仲間みんなに言っちゃうぞ。真柄君はイクラとマスコと筋子が、誰の子か分からないんだ、って。」

自分だって分からないくせにと思ったが口には出さなかった。皆にかなり大げさに言いそうだったし、サケと筋子を送ることを泣く泣く約束させられた。

釣りにルールはいらない

カラフトマス、シロザケ釣りに関して、知らなくて笑われるだけならいいが、これを知らないと逮捕、お縄になることがある。知らなかったでは通じないし、誰も笑ってくれない。

北海道でカラフトマス、サケ釣りをしたい方へ、そうならないために、事前に手にとって読んでいただきたいのが、北海道水産林務部発行の『フィッシングルール　Ｒｕｌｅ＆Ｍａｎｎｅｒ』という小冊子だ。ポケットに入るか入らないかくらいの大きさで、道内の釣り道具屋さんや役所、漁協などに置いてあり、無料である。

この冊子には北海道での遊漁に関する規制が記されている。カラフトマス、サケ釣りに関しては、河川名と河口規制のある範囲（左海岸何メートル、右海岸何メートルなど）、期間などが書いてある。さらに「全道エリア別ルールマップ」までついていて、色付きで分かりやすく図示してある。これを読んで頭にいれておけば、釣りしてお縄になることはない。基本的に河川でのサクラマス釣りは全道でご法度だ。カラフトマス、シロザケ釣りは規制のない河口部と、有効利用調査指定のある特別な河川でだけでできる。

冊子の表題にあるマナーについても触れたい。僕が思うマナーとは自然を相手にした、また人を相手にした敬意、感謝、気配り、思いやる気持ちなどのことだ。それは本来、自分が自然から学び、人から学ぶものかもしれない。周りに学べる自然が、学べる人がいなかったら、一人で勉強するしかない。

そんな人のために、こういった冊子、雑誌、本が教科書になる。最近、釣り雑誌でマナーについての意見や記事を目にする機会はほとんどなくなった。『フィッシングルール　Rule&Manner』も、マナーについてはほんの一部載っているだけだ。

マナーが悪いから、ルールを作らなければならない現実が悲しい。僕は釣りにルールはいらないと思っている。マナーが良かったら、の話だけれど。

九月一七日　オホーツク海岸を北上する

久しぶりにニジマスの川釣りをやった。河口でシロザケを狙おうと思っていたが、どこも人があふれ返っていたし、カラフトマスとシロザケの割合もまだカラフトの方が多いというので、シロザケだけになってから的を絞ろうと思った。そして何より気になる川がいくつもあり、そちらに足が向いた。

斜里町から西へ進み、網走、北見。そこから北上して遠軽、湧別、紋別と何日もかけてじっくりと釣りをした。どこも魚の数はそう多くなかったが型揃いだった。一番の大物は、もしとり込めていたらこの旅最大の魚となっていたと思う。ギラリと反転した時に見えたのはとてつもなく大きな腹だった。潜った瞬間、ビックリして竿を立ててしまった。〇Xのリーダーはいとも簡単に切れた。

「北海道のニジマスは〇Xをもブッタ切るぞ。」

ある方にそんな話を聞いた時は、そんな大げさなと思っていたが、アワセがまずいと本当に切れるのだ。今度は僕が誰かに教えたい。

「北海道のニジマスは○Xを切るぞ。大げさじゃなく本当だからな。」

僕はさらに北上し、猿払の手前、枝幸、浜頓別辺りまで来ていた。シロザケの寄りが気になって、周辺をウロウロしていた。

旭山動物園に行きたいの。(エミ)

その頃、気になることがもう一つあった。それは数日前にかかってきたエミからの電話だった。

「もし飛行機のチケットが取れたら、近いうちに北海道へ行こうと思っているの。」

「えぇっ。本当にっ。」

「本当だよっ。どうしても旭山動物園に行きたいのっ。」

「うっ、うん。」

僕は今にも猿払村に入ろうとしていて、旭川までは相当な距離があるな、と思った。

「でもね、旭川空港って土日のチケットがすごく取りづらいんだって。もしも旭川がダメでも、新千歳空港が取れたら、迎えに来てくれる?」

旭川空港ならまだしも、猿払から新千歳。今度はとてつもない距離になった。そして、行けるなら今週末だ、とエミは言った。ちょうどシロザケの釣りがピークに達しそうな気配がする。

「うっ、うん。」

「本当に。やったぁ。じゃ新千歳空港行きのチケットも探すね。それじゃ。」

それからすぐにエミからの電話が鳴った。

「飛行機のチケット取りましたぁ。」

「うん。どこの?」

「新千歳空港です。」

「…うん。」

「なんか嬉しそうじゃないね。」

「いや、いやっ。そんなことはないよ。」

女性のカンというやつで一瞬で見抜かれ、必死に平常心を取り戻そうとした僕は、さらにシドロモドロになった。

「えっ、えっ、え~っと。今週末だっけ。」

「そうだよ。」

「えっ。えっ。もうすぐじゃん。」

「そうだよ。本当に嬉しそうじゃないね。ヒロムも行くんだよ。」

僕と同い年で仲のいいエミの兄貴、ヒロムに会えるのはとても嬉しい。

「わかった。釣りのいい時期だから、本当は釣りをしていたいんでしょう。」

「いやっ。そんなことないよ。」

声が裏返った。

「もういい。慎一に会いに行くんじゃないもん。旭山動物園に行くんだもん。慎一は釣りしてて。私は動物園に行くから。」

最後の切り札を出してきた。

「いいえ。動物園にお供させてください。」

僕の声はまだ裏返ったままだった。

白いクマと黒いクマ

エミが新千歳空港に来るまで、そのことに関して電話で小さなケンカをいっぱいした。でも空港でお互いの顔を見ると自然と笑顔になっていた。しかし浜頓別から新千歳へ迎えに行き、さらに旭川まで行くのは、たしかに遠かった。

旭山動物園に着くと、週末ということもありものすごい人の数だった。今一番人気の動物園だけあって、エミの期待度は高い。エミは「ホッキョクグマとペンギンを見たい。」と言った。僕は「ヒグマが見たい。」と言うと、エミとヒロムは「えぇ〜。」という顔をした。

「なんでヒグマなの。もっといるでしょうよ。小さくてカワイイ動物とか、未知の動物とか。」

そんなことも言われたが、僕はそういう動物たちにはリアルな魅力を感じなかった。僕が山、川、海で遊んでいる時に会えたり、あるいは会いたくなくても会ってしまうかもしれない動物は、リアルだ。それはマムシだったり、ワシやタカだったり、シカだったり、クマだったり。外国の希少動物や妙にカラフルな動物とか、明らかに身近にはいない巨大な動物には現実味がわいてこないのだ。

皆は非現実を求め、僕は現実だけを求めている。エミには、

「そんな人は動物園に来ないでくださ〜い。」

と言われた。

じつは、僕はこれが生まれて初めての動物園だった。ペンギンやアザラシが空を泳ぎ、サルやオランウータンは頭上を歩いていた。期待のヒグマはわりと地味だったが、全体を通してはけっこう楽しんだ。文句を言っていた僕が一番楽しんでいたかも知れない。

「初めての動物園、どうだった。楽しかったでしょ。」

楽しかった。と言えばいいのに、僕は強がって
「まぁね。」

と言った。

エミとヒロムは笑っていた。

ふたたび、北へ

その夜は三人で札幌の街へ繰り出した。一軒目は炉端焼の店に入った。なにも考えずお品書きにあった旬の野菜とイカを頼んだ。ジャガイモを食べて絶句した。トウモロコシを食って目が飛び出た。イカを食って叫びたくなった。こんなに旨いものだったのか、というぐらいに旨かった。二軒目はジンギスカンの有名店「だるま」に行った。三軒目は座敷の広がる大衆酒場に行った。どこで何を食っても旨かった。旨いものを前にして酒もだいぶ進み、次の朝は三人とも顔色が悪かった。

エミとヒロムは一泊二日の旭山動物園という強行ツアーを終え、東京へ帰って行く。新千歳空港へ向かう車内はとても静かだった。思い出に浸っているのか、ちょっとだけ寂しいのか。

エミがやっと口を開いた。

「気持ち悪いんですけど。」
するとヒロムも僕も「オレも。」「オレも。」と言って、それっきりまた口を閉じてしまった。口をあけるとなにかが出てきそうだ。ただ単に全員が二日酔いで、気持ち悪かっただけだった。空港で三人は無理矢理笑顔を作って手を振った。

新千歳空港からふたたび道北までの帰り道、車の揺れが気持ち悪かったが、先を急がなくてはならない。オホーツクのシロザケの遡上は、ピークを迎えているはずだった。季節は悪いが猿払川のイトウも狙ってみたい。

北へ、北へと向かった。

←シロザケ（アキアジ）

XIII

結婚しようよ

北海道、山形

海岸線に並ぶ漁師の家は、どこも玄関と縁側の戸が開けっ放しだった。
シロザケ釣りのポイント探しにウロウロしていると、
見ようとしなくても家の中まで見えてしまう。
庭や縁側にいるおじいちゃん、おばあちゃんとたまに目が合うと、
「休んでけ。お茶でも出すよ。」
と何回も声がかかった。
僕はふと、山形で育った幼い頃を思い出した。

九月二一日　僕は僕のポイントへ

夜明け前の海辺に何十台もの車があり、「まさか。」と思っていたがそうだった。あれはすべて釣り人の車だったのだ。

人と人との間隔はわずか一メートル足らず。川の右岸・左岸合わせて一〇〇メートルも続いているだろうか。単純計算でも一〇〇人近くの釣り人がいることになる。ほとんどの方がウキルアーを使った釣り方である。対岸同士、左右同士でラインクロスも当然起こる。オマツリ（釣り人同士の糸が絡まること）なんて頻繁だ。

それを避けるためなのか、河口に立って川岸に向けて投げる方もいる。もちろんこれは違法。シーンと静まりかえった夜明けの河口にラインクロス、オマツリ、違法行為への罵声が大きく響く。異様に殺伐とした光景を僕は遠くから見つめるしかなかった。とても竿をつなぐ気にはなれなかった。

道北のサケ釣りの異様な光景の話は、知人からはよく聞いていた。

「道北のサケ釣りはヤバイよ。」

「とにかく凄い人の数で間隔は一メートル以下だ。」

「フライフィッシングでは釣りにならないぞ。」

「毎年、傷害事件なんかも起きているらしいぞ。」

「キープしたサケは目の前に置いておけ。そうじゃないとなくなるよ。」

僕はそんな話を聞いて、大げさでしょう、と思っていた。そして不謹慎ながらも少々ワクワクしていた。本当にそんな釣り場があるのかと。実際その場に来てみてあの話は大げさではなかったと思った。うわさ通りか、それ以上だった。

竿をつなぐ気にもならなかったが、僕は決して悲観しているわけではなかった。ルール違反を許せないのは前提だが、その土地の釣り方、その土地の釣り人のパッションやエネルギーまでは嫌いにはなれなかった。僕は僕の釣りができる僕のポイントを探そうとその場を去った。

幻の魚、イトウ

シロザケのポイントを探しながら北へ北へと進んだが一向に竿は出せなかった。魚はあまり見られず、魚影の見えたポイントではやはり人が多かった。そうこうしているうちに道北・猿払村まで来ていた。

本州に住む僕にとって、イトウは神秘的な存在であり猿払村周辺の川は聖地であった。今、自分がその地にいるんだと思うと興奮せずにはいられなかった。猿払村の河口から上流へと、くまなく見て回った。人工物のないだだっ広い湿原にドロ～ンとした太い流れが、大きなカーブを描く。

薄茶色と濃い緑色を合わせたような、独特な水の色をしていた。ゆっくりと、ゆっくりとした流れはどちらが上流か分からなくなってしまう。風が止むと、本当に時間が止まったような感覚を覚えた。聖地の風景は想像以上に素晴らしかった。

イトウ釣りには一番悪い季節だと言われたが、ダブルハンドロッドに特大サーモンフライをセットしてポイントへ向かった。ポロ沼の流れ出しと猿払川の合流左岸に立った。いい時期にはずらりと人が並ぶポイントらしい。今日はもちろん誰一人いない。

期待だけは大きいまま、流れ込みにフライを乗せて下流へ送り込んだ。一投目からグゥと竿を押さえ込むアタリがあったがハリには大量に水草が絡まっていた。ポロ沼から切れ目なしに水草が流れている。二投目、三投目も四投目、五投目もハリに水草が絡み、風も強くなってきたところで竿をたたんだ。次は一番いい時期に来ることを誓った。それがいつになるかは分からないが、その時まで神秘の魚は残り、聖地が変わらない姿でいることを願った。

九月二二日　礼文、利尻が呼んでいる

宗谷丘陵の美しい草原を越え、日本最北端の地、宗谷岬までやってきた。東京を出て、始めは南へと向かってから約半年間もかけてここまで来たんだと思うとジーンと熱いものが込み上げてくる。宗谷岬からのちょっと寂しくてちょっと切ない美しい景色が涙を誘う。

ここで思い出に浸りひと息つこうかと思ったが、ゆっくりもしていられない事情があった。車の車検切れがあと一週間と迫っていたのだ。時間もお金も残り少なくなっていた。この先のルートはまだ決めていなかった。南下するだけなら時間もお金も少しは余裕がある。でもどうしても礼文島と利尻島に行きたい。今回、行かなかったらもう一生行けないかもしれないと思っていた。頭で考えるより行動だ。まずフェリーの出発時間と料金を聞こうと、急いで稚内に向った。フェリー乗り場に着くとすぐに時刻表を探した。これから受付すれば暗くなるころに礼文島に着く便があった。次にパンフレットで運行表を見る。四メートル未満で一四五二〇円と書いてある。予想より少し高い。礼文行って利尻行って稚内に戻ると、いったいいくらになるんだとパニックになった。

何とかなるさ

人だけ乗るなら稚内—礼文島でたったの二二〇〇円。一瞬、車を置いて身一つで行こうかと思ったが、そうしてしまうと各島の一周は難しい。受付終了の時間が迫っている。考えるのが面倒になった僕は、何とかなるさ、と開き直り、滑り込みで受付をすませた。うれしい誤算が一つあった。全長三メートル未満の僕の軽自動車はグッと運賃が安くなったのだ。

何とかなるさ、が今回はいい方向へ進んだ。稚内—礼文行きのフェリーが出発した。僕は船中で旅の口癖になっていた、何とかなるさ、を思い返していた。

これまでの旅の間にどうにもならないようなことがあった時、不思議なタイミングで周りの方々に助けられた。手を貸していただいたり、助言をいただいたり。助けてくれた方々は皆、最後に「あとはお前が何とかしてしまうさ。」と言った。

それに僕が勇気を出すと何ともならないことが何とかなったりして、自信となっていた。助けもありながら、自分で何とかしてしまうという力を、この旅で身につけてきたかなぁと思ったりした。

ところでおめえはどこの子だ

そんな思いにふけっていたら二時間の乗船時間もあっという間だった。

ついに礼文島の香深港へ上陸した。思ったよりも観光地化していなくて驚いた。礼文島は約三百種類の高山植物が咲き誇る花の島として有名で、バフンウニや昆布の産地としても知られるが全く開発されていなかった。僕はその土地のもともとの文化や風景を知りたいと常々思っている。田舎町でビルやマンションは見たくないし、田舎町に来て都会のことは知りたくない。礼文に来て妙に嬉しくなった。まだこんな素晴らしい所があるんだなと。

住民の方々も皆オープンで温かかった。海岸線に並ぶ漁師の家は、どこも玄関と縁側の戸が開けっ放しだった。シロザケ釣りのポイント探しにウロウロしていると、見ようとしなくても家の中まで見えてしまう。庭や縁側にいるおじいちゃん、おばあちゃんとたまに目が合うと、「休んでけ。お茶でも出すよ。」と何回も声がかかった。

僕はふと地元山形で育った子どもの頃を思い出した。あの頃の山形も礼文と同じように、どこの家も戸が開けっ放しで縁側や庭、畑におじいちゃん、おばあちゃんがいて、走りまわって遊んでいる僕によく声をかけてくれた。慎一、ジュース飲まぇえが。チョコレートもあっぞぉ。縁側でおばあちゃんの話を聞いてチョコをもらい、オレンジジュースを飲んだ。帰りには小さなポケットいっぱいにアメ玉を入れてくれた。

僕が、「いえいえ。ご迷惑になりますから。」とおばあちゃんの誘いを断ると、礼文島のおばあちゃんはちょっと残念そうな顔をした。僕はなんだか嬉しくなって、「じゃあ少しだけ。」とお邪魔した。

ひとしきり世間話をして「それじゃ。お元気で。」と僕が去ろうとすると、おばあちゃんは、

「ところで、おめぇはどこの子だっけ。」

と言った。

「おばあちゃん、僕は東京から来たってさっきも言ったじゃないですか。」

「あらやだっ。〇〇さんとこの子かと思ったわよ。」

「どこへ行っても、地元の方と間違われるんです。都会派な顔じゃないですからね。」

「アッハッハッ。こっちにいたらもてそうな顔よぉ。」

「ありがとう。おばあちゃん。」

二人で大笑いした。

バフンウニを食べたい

礼文島は人も風景も、釣りまでよかった。正直、釣りに関してはあまり期待していなかった。地図で見る川はどれもが細く、河口規制が全くないのも不安要素だった。サケが寄って来ないから規制がないのではと思っていたからだ。予想はパーフェクトに裏切られた。釣り人の誰一人いない河口でいくつもの背ビレと尾ビレが波間に浮かんでは消えていく。もういいです、というくらいシロザケを釣った。魚とのファイトで腕が痛くなったのはこの時が初めてだった。筋肉の痛みに幸福感を覚えた。

祝杯にといってはなんだが、ウニで一番うまいと言われるバフンウニのウニ丼を奮発しようと思った。フェリー運賃が予定より安くすんだので、その分のお金で「旅、最後の贅沢を」と思いついたのだ。北海道一周中の小林さんから事前情報で、漁協の食堂のバフンウニ丼が安くてうまいと聞いていた。お昼の時間はとっくに過ぎていたがお店は営業していた。

「すいません。バフンウニのウニ丼ありますか。」

「あらまぁ。この前で禁漁になっちゃって、バフンウニないのよ。ムラサキウニならあるわよ。」

「ん〜…。」

僕は結構な時間悩んでやめにした。

「禁漁期を知らないで来たということはわざわざ遠くからでしょ。ごめんね。」

おばちゃんは本当に申しわけないという顔をして、何度もごめんねと言った。

「おばちゃんは悪くないんだから謝らないでください。時季を知らない僕が悪いんですから。」

「でもねぇ、わざわざ来てもらってねぇ。」

お店を出て戸を閉める時、おばちゃんはまた「ごねんね。」と言った。僕は閉めかけた戸を開けて
「また礼文島に来る口実ができたからいいんです。今度は必ずバフンウニの時期に来ますから。」

と言った。

「今度必ずね。顔、覚えてるわよ。」

と言ったおばちゃんの顔が笑顔になった。

礼文島から利尻島行きのフェリーに乗った。利尻に近づくにつれ利尻富士がどんどん大きくなっていく。利尻島への期待と礼文島を離れた寂しさがグチャグチャに交錯して変な気分だ。小さくなって

いく礼文島を見ていると、寂しい気持ちの方が大きいと感じる。

漁師村のおじいちゃん、おばあちゃんたちは言っていた。礼文島は何もないところだと。しかし僕にとっては全てがあった。人々の笑顔と温かさ。雄大な自然と素晴らしい景色。これ以上、何もいらないところだった。

九月二四日　二九歳、男泣き

利尻富士と呼ばれるだけあって、利尻山は実に堂々とした姿だった。標高一七二一メートル。数字だけ見るとそんなに高い山ではないのだが、海面からズゴ～ンとそびえ立つと数字以上の圧倒的な山に見える。海岸線を走りながら山を見上げ、たまには山道に入り海を見晴らした。

各所でコーヒーを淹れ、ボォーッといつまでも景色を眺めた。風がやみ、音が聞こえなくなると、時が止まってしまったような感覚を覚えた。本当にこのまま時が止まってしまえばいいのにと思ったが、夕暮れはいつものようにやってくる。島を一周し終える頃には日が傾いてきていた。利尻富士温泉でひとっ風呂浴びて、今日は早目の一杯に手を付けた。手持ちのお酒は残りわずかだった。酒の終わりが旅の終わりではないが、残り少ないお酒を前にして妙に旅の終わりを感じた。

旅はもう終わってしまうんだ。と、この時、初めて認識させられた。寂しさを紛らわそうと残りの酒は今夜すべて呑もうと決めた。焼酎から空けた。雪の残る中国山地で雪割りで呑んだのを思い出した。各地でいただいた日本酒も空けた。出会った人々の顔が思い浮かんできた。最後にウィスキーも空けた。いい魚を釣った時の祝杯を思い起こした。

今夜は呑んでも呑んでも寂しさは紛れなかった。もう寝るしかないなと思い、トイレに行こうと車から外へ出た。次の瞬間、感情を抑えることができなくなり涙が流れた。星空が美しすぎたのだ。日本各地で星空を見てきたし、昔は山形で毎日のようにも見ていたので満天の星空で驚くはずはなかった。星を見てキレイだなんて柄でもないし、思ったこともなかったのに。感動している自分自身にビックリした。

水平線、地平線、利尻富士のシルエット以外はすべて星だった。手が届きそうなほど近い星からはるか遠くの星までいくつもがキラキラと輝いていた。美しいものに触りたくてすぐそこにある星に手を伸ばした。もちろん届かなかった。次々に手の届きそうな星を探しては手を伸ばしたがやはり届かなかった。

九月二七日　さらば北海道

今夜は目を閉じるまで車のドアは開けっ放しにして、シェラフに潜り込んだ。

利尻島から稚内へフェリーで戻り稚内天塩線を南下した。左にはサロベツ原野が右には日本海があり、その間をずっとまっすぐな道が続く。遠くに見える利尻富士がどんどん小さくなっていく。天塩、遠別、羽幌、苫前とやってきて古丹別へと立ち寄った。吉村昭さんのドキュメンタリー、とてつもなく大きなヒグマが民家を襲った『羆嵐』の地を訪ねるためだ。村を抜けると人影もなくなり、舗装された道は途切れて林道へと入っていく。熊出没注意の看板がやけに目につく。あの恐怖のヒグマはもういないが子孫はいるのだろうか。いくらか走ると突然一軒の民家が現れた。『羆嵐』を再現したセットだった。あまりの大きさと迫力に後ずさりしてしまう。もうこのような惨事が起きぬように願い、手を合わせその場を後にした。

留萌で一泊し石狩、小樽と進んだ。積丹半島に入り神威岬で眩いばかりの積丹ブルーを見た。こんなにも美しい海の青色を見たのは初めてだった。国道二二九号を南下し岩内、寿都、島牧と日本海沿いを走った。今金で国道二三〇号に入り今度は噴火湾沿いに東へ向かった。室蘭、登別を過ぎて北海道最終の地、苫小牧までやってきた。苫小牧東港から今夜の最終便で秋田へ行く。

二ヶ月近くに及ぶ北海道一周が終わりを迎えていた。フェリーに車を入れると僕はすぐにデッキへ向かった。苫小牧の港町の灯りをずっと眺めていた。離れていく北海道の地を目に焼きつけておきたかった。

翌朝、秋田港に着くと湯沢を目指した。手元の最後のお金で稲庭うどんをいただこうと思った。昼に稲庭に入り有名店の佐藤養助本店の暖簾をくぐった。財布は空になったが気持ち良さを覚えるぐらいにうまかった。旅の最後の贅沢はバフンウニ丼ではなく稲庭うどんとなった。

そこから一時間ちょっとで、実家のある山形、最上町に着いた。

僕の旅は終わった。

九月二九日　実家で正座する

その日の夜、実家に東京からエミもやってきて、四人で旅の報告会みたいなささやかな宴会をやった。

親父は「よくやった。」と言ってくれたが、母ちゃんは「親にも心配かけて、エミちゃんにも心配かけて。本当にごめんね。」と、台所とリビングを行き来しながらエミに謝っていた。

テーブルに乗せきれないほどの料理を運び終えて母ちゃんもテーブルに着くと、エミが突然、

「ご両親にお話があります。」

と切り出した。

エミは正座し、両親も正座し、僕もわけも分からぬまま正座した。

「慎一さんと結婚させてください。」

そう言って手をついた。あまりにも突然で僕は驚いたが両親は冷静だった。そんな話があるのかな

と両親は思っていたのかもしれない。

「こんな息子でよかったら。」

と親父は言った。

「エミちゃん本当にいいの。エミちゃんがよかったらいいのよ。」

と母ちゃんは言った。エミの目から涙がこぼれ落ちた。


――


夜おそくまで続いた宴会も終わり、片付けが終わったエミを待って寝床についた。

「エミ。ありがとうね。」

「ごねんね。泣いちゃった。」

「エミ。結婚させてくださいって言った時、声震えてたよ。」

「バカッ。なんでそんなこと言うのっ。」

二人で大笑いした。

「次は慎一が私の両親に言う番だからね。」

僕の笑いは消えた。

それを見てエミはさらに笑った。

最終章

秋桜《コスモス》

山形

目が覚めると天井が高くてビックリした。
低くて狭い車内ではない。
ふかふかの布団にくるまっているのにもビックリした。
ペタペタに薄くてベタベタに汗臭い寝袋じゃない。
洗いたてのシーツの香りがした。

漁師じゃないってば

ちょっと頭が痛いのと、なんとなく見覚えのある部屋で、だんだんと思い出してきた。

「そうか。昨日、山形の実家に帰って来たんだな。それからかなり呑んだっけ。」

日差しが眩しくて思いっきり目を閉じると、今度は気持ちが悪い。ゆうべの酒を恨む瞬間だ。

体調も悪いし何もやることがないので今日はとことん寝てやろうと思ったが、ワーワーと声が聞こえる。階段下から、ばあちゃんが呼んでいる。

「慎一～、もう昼らぞ～。飯けぇ～。」

僕は布団の中で（気持ち悪い。いらない。）とつぶやくのが精一杯で、もちろんばあちゃんには聞こえていない。

「慎一～、飯けぇっ。」

今度はエミが山形弁をマネして僕を呼んでいる。返事のない僕に二人でクスクス笑いながら何度も呼んでくる。

「慎一～、飯けぇ～。」

ばあちゃんはエミのヘタな山形弁がおかしいらしく、エミは方言の響きがおもしろいらしい。笑い声も呼び声も頭に響く。それも何度もだ。僕は頭にきて声を振り絞って言った。

「くぅっ〜。」

するとエミだけが笑っていた。そしてばあちゃんに質問していた。

「けぇ〜は食べろでしょ？　くぅ〜はもしかして食べるってこと？」

「んだ、んだ。」

「んだ、んだ。」

また二人して笑っている。

「エミも飯けぇ。」

「くぅっ、くぅっ。」

どうも二人は気が合うらしい。

無理やり体を引きずり茶の間まで降りて行くと、台所ではばあちゃんとエミがせっせと料理をしていた。じいちゃんは相変わらず一番奥のじいちゃんの席に座っていた。

「おぅっ。ジィ。おはよう。」

「おぅっ。漁師にしては遅い朝らな。今日はシケがっ。」

いつもなら話にのっていくのに体調の悪かった僕はそっけなく、

「なんの話らっ。」

と言った。

「なんの話らじゃねぇべぇ。今月のはじめらって北海道からサーモン送ってきたべぇ。今日はエミも来てるし、ばぁとじぃにも旨い魚捕ってきたらいいべぇ。」

旅の途中で実家に寄った時、釣りをしながら日本中を周っているんだとじぃちゃんに言った。すると、

「お前、とうとう漁師になったんが。」

と驚いた顔をしていた。今の今まで本当に漁師になったと思われていた僕の方が、あの時のじぃちゃんより驚いた顔をしていたと思う。

「ジィ。オレ漁師んねって。前も説明したべぇ。」

「はっ。聞いてねえぞぉ。んじゃ今まで何しったったんや。」

「だがらぁ。」

と僕が言おうとしたところでエミが言った。

「じいちゃん。慎一は私を置いて半年間、日本縦断釣りの旅に行ってたんだよ。」

「はっ、エミを置いて。」

「そうっ、私を置いて。」

「こんなにめんごいエミを置いて、お前は何してるんだ。」

「そう思うよね。じいちゃん。」

「おう。じいちゃんならそんなごどしねぇよ。女を泣がせるごどはすねぇ。」

散々ばぁちゃんを泣かせてきたくせに、と言ってやろうかと思ったが、気持ちが悪くていい返す元気もなかった。

「お前は、これがらエミを大事にすろよ。一緒になるなら仕事もするらんねべ。これがら先なにするんだ。」

「まだ考えでねぇんだ。」

じぃちゃん、ばぁちゃん、エミからガァガァと一斉攻撃を受けた。三対一では不利だ。

と言ってそそくさと二階の自分の部屋へ戻り、もう一度布団へ潜り込んだ。

「ごちそうさまっ。」

「まったぐ慎一は昔から先のごどを何にも考えねぇ奴らがら。」

下からそんな声が聞こえた。


えっ、もう終わったの？

おかげさまで無事に旅を終えることができました。—お世話になった方々へ手紙、メール、電話などで報告をした。僕は、よくやった、がんばったね、なんて言葉を期待していた。それと情けない話だが、ちょっとだけでもいたわって欲しかった。体は大丈夫？　とか、この先のことは焦らず決めろ、という優しい返事を聞きたかった。

しかしほとんどの方の第一声が同じだった。

「えっ。もう終わったの～。」

意外な反応に僕はビックリした。ある仲のいい先輩なんかは、電話の向こうで本当に残念そうにしていて僕もムッとした。

「僕が無事に旅から帰ってきて、悪いみたいじゃないですか。」

先輩にみんなの反応への不平不満をダラダラとこぼした。

「若いもんがなに言ってんだよ。好き勝手やってきて、体もピンピン、体力もありあまってるだろうに。」

「まぁそうですけど。」

「それにな、お前の将来はみんな心配してないよ。焦らずゆっくり決めればいい。間違いはないよ。お前ならな。」

「まぁそうなんですけど、じいちゃんばあちゃんと両親が焦らせるんですよ。エミは何も言わないのが逆に不気味なんですけど。」

「家族ならそう言うのは当然で、エミちゃんはお前に気を遣ってるんだよ。エミちゃんにも感謝しろよ。」

「まぁそうですけどね。」

「最後に一言、いいか。」

「はい。」

「みんなが『えっ、もう終わったの〜』って言うのは、寂しいからなんだよ。」

僕は黙ってしまった。意味がよく分からなかったのと、この後先輩がすごく大事なことを言ってくれるような気がして。

先輩は「恥ずかしいんだけどよ。」と言って、照れながら話し始めた。

「みんな、やりたくてもできなかったことをお前はやってたんだよ。お前の夢、お前の旅に乗っかってたんだ。どこそこに行った。どこそこでなにを見た。どこそこでなにを感じた。そんな近況報告が楽しみだったわけよ。それが終わるとなると、少し寂しいんだよね。」

僕は驚いた。そして感動していた。

「お前ねぇ、黙り込むなよ。ますます恥ずかしくなるじゃないか。今日はしゃべり過ぎたな。電話切るぞ。」

「ちょっ、ちょっと待ってくださいよ。」

「なんだよ。先のこと、見えてきたらまた電話してこいよ。じゃあな。」

「ちょっと、ちょっと。」

「なにぃよ。」

「じつは。」

「だからなにっ。」

僕はつとめて明るく笑いながら言ってみた。

「持ち金ゼロ円なんですけど、先のこと、焦った方がいいですよね。あっはっはっ。」

先輩は大笑いしてくれると思ったが、少しの沈黙の後、僕より無理をした作り笑いの声で言った。

「ハハハ。ちょ〜っと、焦った方がいいんじゃない。それじゃ。」

「なに言ってるんですかっ、焦らず決めろって言ったのは先輩じゃないですかっ。」

僕がそう言い終わる前に電話は切れていた。電話を置くと背中がざわっざわっとした。

持ち金ゼロ円はものすごく焦った方がいいみたいだ。

本当に終わったんだ

僕はもう少しだけ、のんびりしたかった。各地での思い出を回想しながら酒でも呑みたかった。そして旅の延長を旅したかった。

しかし、状況は刻々と変化していった。いや変化ではなく悪化だった。まず持ち金がないという、とても現実的な問題があった。これでは酒の一杯も呑めない。そして車の車検が切れるのに車検も通せない。まだまだ走れる車だがこれでお別れなのだ。メーターを見ると二万三千キロの距離が加算されていた。日本列島を南から北へと半年間で二万三千キロの旅。数字だけを見ると何の実感も現実味も沸いてこないが、持ち金がゼロになったのはリアルだった。

車の荷台から旅の間の荷物を降ろし始めると、

「本当に旅は終わったんだな。」

としみじみ感じた。この荷降ろしが非現実から現実社会へと踏み出してゆく最初の行為なんだと思った。釣り道具がなくなっていく軽自動車の荷台を見つめ、なんとなく手に持ったフライリールのハンドルをカリカリ回しながらつぶやいた。

「オレの車じゃないみたい。」

手伝ってくれていたエミも同じことを思ったのだろうか。

「なんか車の中、寂しくなったね。」

生活道具の一切合財を降ろすと急に荷台ががらんとした。あとはフォークギターとサッカーボールと酒の空ビンがゴロゴロという感じ。

「空ビン片付けるね。」

とエミが言った。

僕は衝動的にギターが弾きたくなり、ケースから取り出してチューニングを始めた。エミは驚いた様子で言った。

「えっ、今ここで弾くの。」

「リクエストは。」

エミは僕がよく分からない今風の歌ばかり言う。僕は全て却下しながらチューニングを合わせて、何を唄おうか考えていた。旅のあいだで宴会になるとよく唄った『いい日旅立ち』でもと思ったが、季節柄と今日の日を考え、ある曲を選んだ。

「それでは聞いてください。『秋桜』。」

エミが空ビンを片づけているカチンカチンという音をバックに唄い続けた。片付け終わったエミが隣に座り、僕の唄をじっと聴いていた。唄い終わったところで不意にエミが言った。

「ねぇ、コスモス見に行かない。」

九月三〇日　ふるさとの川

もう夕刻が近かったが、

「それじゃコスモス探しがてら、釣りに行くか。」

とエミを誘った。エミはもちろんふたつ返事だった。

「どこに行くの。」

「すぐ近くの川。子どもの頃に毎日遊んでいた川だよ。」

久しぶりに訪れた川は様子が変わっていた。

護岸が増え、水量は昔の半分もないくらいに減っていた。水の透明度もいくらか落ちている。旅の間だったら、まず竿を出そうとは思わない川になっていた。それでも僕は竿を継いだ。昔を思い出して、あそこの大岩の影にデッカイ岩魚がいたなと、フライを投げた。あそこの瀬の頭にいいヤマメがいたなと、またフライを投げた。

フライに出てくるのは手の平サイズの魚ばかりだった。僕が巡ってきた日本各地の素晴らしい川に比べれば、ずいぶん見劣りのする川になっていた。ただ僕にとっては一番思い出の深い川なのだ。その想いだけは全国各地を旅して周ってきても変わらないと実感した。

夕陽が沈む前に、釣りはやめにした。

帰り道は辺りが一面、田んぼに囲まれている農道を歩いた。コスモスは見当たらなかったが、素晴らしい風景を見ることができた。夕陽に照らされた稲穂が、黄金色に輝いていた。風が吹くと重そうな実を揺らし、赤とんぼは次に止まる穂を探していた。

「きれいだね。」

とエミが言った。

「実るほど　こうべを垂れる　稲穂かな。」

僕が言って、エミにこの意味を分かるかと聞いた。

「分かるよっ。見たまんまじゃん。実りが大きくなって穂が垂れてくるってことでしょ。」

「まぁそうなんだけど、中身の詰まった実りのある人ほど、頭を下げるってことよ。」

「そんなの知ってるもん。」

「ウソだぁ。」

「知ってたよ。」

「ウソだね。」

「知ってました。」

「分かったよ。オレは実りのある人になりたいから謝るよ。エミをバカにしてゴメンね。」

「私も知っているふりしてゴメンね。私だって実りのある人になりたいからね。」

つないだ手を大きく振って二人で笑った。

この年の川釣り、最後の日。

僕の日本縦断、春・夏・秋・釣りの旅は終わった。

あとがき

ずっと先の新しい夢を見ている

このカーブの先の道も、この大岩を越えた上流も、取り込むまでの魚も、人も。

僕は全く知らないのである。


最初は「どうしよう。」なんて少しは思ってみたりもした。

だが「どうしよう」も「こうしよう」もないのだ。

一歩先も分からないやつが考えてもしようがないし、そしてなにより考えるのって面倒だと思った。

旅立ちから一週間もしないうちにそう思い、それから旅の最中は一切先の事は考えなくなった。


「お前は計画性のないやつだ。」

と昔からよく言われた。自分でもよく分かっている。

だから旅中も砂浜でスタックするし、タイヤはパンクしてスペアを履かせたらそれまでパンク。

そして最後、旅を終えた時には無一文になった。全て計画性のなさの果てである。

ただ行き当たりばったりが全部、苦しい思い出ばかりではない。

名もない川でいい魚を釣ったし、小さな漁村や農村でいい人に会ったし、地図にも載ってない道を走り素晴らしい風景を観た。

いいことも悪いことも。山あり谷あり。僕が走ってきた日本列島と一緒だった。


コスモスを探しにいった夕暮れから二年後、僕とエミは結婚した。

それからさらに一年がたって、今度は子供を授かった。

もうすぐ男の子が生まれてくるらしく、僕の夢は一気にひろがっている。

そしてずっと先の新しい夢をエミと見始めている。


子供が独立して仕事をリタイヤしたら、キャンピングカーを買おう。

それで僕が旅したルートをもう一度、エミと二人の老夫婦で周ろう。

旅の先でお世話になった方々にお礼巡りをしよう。

エミには見せたい景色が日本中にいっぱいある。

二〇一〇年　真柄慎一

解説　水の巡礼

渡辺裕一（作家・コピーライター）

不思議な旅の物語である。頁を繰ると、そこに広がる風景は雨上がりのようにいつも滲んでいる。吹く風は、いつもやわらかく澄んでいる。真柄慎一の眼を通すと、日本の風土と日本の人々はまだまだ捨てたものではないものとしてそこにある。ゆたかさを目ざして突っ走り、かさかさ、がさがさ、ぎすぎすしたいまの日本の風景はない。そこにはひと昔前の日本人のこころと人の交わり、山と海と川にかこまれて生きる市井の人々の暮らしがどっしりと存在している。この物語の真骨頂は、そこにある。釣りの旅というよりも、様々なことに出会いながら、自身のこころに釣り糸を垂らす旅といえるかもしれない。

今回原稿を読みなおし、私がとくにこころに残ったのは阿寒湖のアイヌコタンでのエピソードである（頁160〜162）。土産屋で木彫りの魚を見つけて気に入った著者はそれを購いたいとおもい、それの制作者である店の主人にその値段を尋ねる。それは予想外に高額で、思わず「えっ！」という顔をしてしまう。すると主人は彼のふところ具合を察し、一気に値段を下げてくれた。そこで彼は、せっかく情熱をかけてつくったものの値を下げるのは良くないと言ってしまう。そしてそう言ってしまった自分の行為を反省しつつ、その主人の優しいこころに感謝するのである。ここに、真柄慎一の特質がある。

つまり、この物語に漂う独特の通底音のようなものはいつも感謝のこころなのである。山を見て感謝、人に会って感謝、その土地のものを食べて感謝、車のタイヤがパンクしても感謝。しかし、そこにあるのはけっして単純な性善説ではない。しいて言えば、アニミズムに近いものであると私は推察する。木や石や鳥や虫にも神や精霊は宿る、その森羅万象に対して感謝するという、日本古来のこころのありようである。そういう意味で、この旅は一種の巡礼と呼ぶことができるかもしれない。必要最低限なものを車に積み、水辺から水辺へと旅する男の聖地巡りである。

もちろん、彼の肯定的なものの見方は、ただの人の良さから来るものだけではない。彼もたぶん、旅の途中でイヤな目にも会ったであろう。コンクリートによる無残な自然破壊の現実もたっぷりと見たであろう。しかし、彼はそこで気持をささくれだてたりせず、自分の中でそのことに始末をつけながら旅をつづけ、この物語を綴った。ものを書く行為で肝要なのは何を書くかではなく、何を書かないかということである。彼はそのことを自然のうちに身につけているようだ。だから、文章にほどよい抑制が効いており、品の良さを備えている。文は人なり、である。

この本は、いまの世にあって、貴重なものである。平凡に見えて、きわめて非凡なこころで書かれた稀有な物語と言えよう。静かに、広く、永く読みつがれて欲しい一冊である。

朝日のあたる川 赤貧にっぽん釣りの旅二万三千キロ

2010年8月31日　第1刷発行

著者　真柄慎一　カバーイラスト　いましろたかし

編集発行人　堀内正徳

印刷所　（株）東京印書館

発行所　（有）フライの雑誌社

〒191-0055 東京都日野市西平山2-14-75

Tel.042-843-0667　Fax.042-843-0668

http://www.furainozasshi.com/

著者紹介　まがらしんいち　1977年生まれ。
山形県最上町出身。東京都在住。
※本作品は季刊誌『フライの雑誌』に連載した「春夏秋釣　列島巡礼二万三千キロ」を加筆、改題したものです。
本文写真・フライタイイング：真柄慎一
左写真は旅の途中の京都にて撮影

Published/Distributed by FURAI NO ZASSHI　2-14-75 Nishi-hirayama,Hino-city,Tokyo,Japan